Introduction to Law for Young Readers

高校生からの法学入門

中央大学法学部 編

中央大学出版部

はじめに

「高校生が読むのに適した法学の本はありませんか？」

本書の企画は、ある高等学校の先生のそんな問い合わせから始まりました。

たしかに、近時では、「法教育」が盛んになりつつあります。法教育とは、法律の専門家ではない人々が、法や司法制度、これらの基礎になっている価値を理解し、法的なものの考え方を身につけるための教育のことを意味します。法務省、裁判所、弁護士会、司法書士会、学界、小中高の学校現場など、それぞれの立場から様々な取り組みが模索・推進されているようです。

また、高校時代からの「キャリア教育」も重要視されるようになっています。高校生が自分自身で、進路を選択・決定できる能力を高め、しっかりとした職業観を持てるような教育が、現場に求められています（文部科学省、経済産業省のウェブサイト等参照）。

そのような社会の流れの中で、冒頭の問い合わせを受けた私たち執筆陣は、大学における研究者・教育者の立場から、将来を担う若者が生きる力を育むことに少しでも役立つことができないだろうかと、あらためて思うに至りました。そして、高校生にも親しんでもらえるような法学の入門書として、本書を世に送り出すことにしました。

そもそも、法を意識しながら日常を送っている高校生は、少ないかもしれません。しかし、実は、高校生の生活と法の距離は、それほど遠く離れているわけではありません。また、少し視点を変えれば、高校生活の中で、法そのものでなくても「法的なものの考え

方」が活かせる場面は、たくさんあります。さらに、高校生のうちから法的な視点で直視してもらいたい社会問題も、たくさんあるのです。

　本書を通じて、1人でも多くの10代の若者が、そのような認識を共有し、自分と法との距離を自覚的に縮め、法学という学問に興味を持ってもらいたい。そんな願いが、本書を構成する12の章には詰まっています。本書は、法的な知識がたくさん盛り込まれた専門書ではありませんが、読み終えたみなさんが、今、周りで起こっている問題について、自分自身で調べ、どのようにすればよいのか考える気持ちになってくれるのであれば、それは執筆陣にとってこの上ない喜びです。

　末筆ながら、本書を作成するにあたり、中央大学附属高等学校 大高知児教諭、中央大学杉並高等学校 齋藤祐教諭には、企画段階から数多くの有益なアドバイスやご助力をいただきました。ここに、心から感謝の意を表します。

2016年6月25日

執筆者を代表して　遠藤　研一郎

目次

はじめに ……………………………………………………………………… i

序章　何のために「法」はあるの? …………… 001
- あなた思いの存在　　■ あなたの身近にある法（法学）
- 難しい問題を解決するために、複雑になった法（法学）
- 法とは何か　　■ 国家（権力）についてどう考えるか
- 法はいかなる基本思想に支えられるべきか
- さあ、法の世界へ！

第1章　「遅刻したらトイレ掃除1週間」は効果的? ―― 犯罪と刑罰 …… 013
- とある学園の高等部に通うY君の日常
- Y君に対してみなさんが抱くであろう感想
- 刑罰を支える2つの考え方　　■ 目的刑主義の問題点
- 応報刑主義の問題点　　■ 刑罰を支える考え方のまとめ
- Y君に対してみなさんが抱くであろう感想と刑罰理論
- 罰にはどのような意味があるのか　　■ 刑罰の種類について
- 犯罪の認定について

第2章　「彼と付き合う」を分析する ―― 契約の拘束力 ………… 027
- まずは、アンケート！　　■「契約」とは何か
- 契約の対価としての「お金」の存在
- 「市場」の存在と自由競争　　■ 契約と法の関係
- 契約の成立（〔Q.1〕に対応して）　　■ 自動販売機でコーラを買う
- 契約の内容（〔Q.2〕に対応して）　　■ ワンクリック詐欺
- 契約違反の効力（〔Q.3〕に対応して）　　■ 自力救済は認められない
- 最後に

iii

第3章　他人の悪口をいうことは自由なの?……045
――表現の自由

- モバイル革命　　- 人と人のつながりと通信・表現機器
- SNS時代のリスク　　- 忘れ去られる権利
- 表現の自由とはどんな自由か?
- 何のために表現の自由が保障されているのか
- 他人の権利・利益を守るため、表現の自由を規制してもよいのか?
- ヘイトスピーチは規制できるのだろうか?
- 表現を規制するときに注意しなければならないこと

第4章　おまえのものはおれのもの、……061
おれのものもおれのもの――所有権の本質

- あなたのちかくにもジャイアン?　　- 持ち主であるということ
- 楚辺通信所の話　　- 所有権があるとできること
- 証明できないとダメ　　- これまでの部分のまとめ
- 所有権が資本主義にとって大事なわけ
- 手にしたことがなくても所有権
- 所有権無双　　- 資本主義を回す所有権

第5章　自分たちのことは自分たちで決める……077
――選挙権と国民主権、議会制民主主義

- 18歳選挙権　　- 国民主権　　- 国家機関は私たちが作る
- 代表民主制　　- 直接民主制「的」な制度　　- 地方の場合
- 自由委任の原則　　- 選挙に関する憲法上の原則
- 投票価値の平等と1票の較差
- 成年者による普通選挙(憲法15条3項)　　- 選挙に行こう

第6章 いじめを軽くみるな！……099
──刑法的思考の第一歩

- はじめに　・いじめの定義の変遷を確認しよう
- 犯罪としてのいじめ
- 刑法における規定の改正・新設──その意義と注意点
- 刑法における規定の改正・新設について、具体例を見てみよう
- 刑法の規定を運用する際に守らなければならないルール
- 規定の適用可能範囲はどのようにして決まるか
- 市民の権利・自由を保障するための厳格なルール
- いじめの定義を越えて、いじめの認定をすることは許されるか
- おわりに

第7章 なんでお母さんが株式会社の会議に出るの？……119
──会社組織の法

- 株価って何なの？
- 株式会社のしくみ（その1）：株式会社は人の集まり
- 株式会社のしくみ（その2）：株式会社もまたひとりの人
- 社会における株式会社　・エピローグ

第8章 働きがいのある人間らしい仕事とは？……135
──雇用社会と法

- 働くことの意味　・ワーク・ルール（労働法）を学ぶ意義
- 歴史から学ぶ労働法　・労働条件の最低基準の法定化
- 労働組合の承認と役割
- 働く前に必ず労働条件を確認しましょう　・雇用の安定とは？
- 人間はどこまで働くのか？　・労働者の人格権
- 能力不足を理由とする解雇は可能か？──解雇のルール
- 「ワーク・ライフ・バランス」と「ディーセント・ワーク」
- 最後に──労働法の扉を開く

第9章 山本君、ケガしたってよ 159
──損害の賠償責任

- 事件発生!　- 直人は責任を負うのか?──一般的な不法行為責任
- 浩二や和美は責任を負うのか?──共同不法行為責任
- 直人の両親は責任を負うのか?──監督義務者の責任
- C高校は責任を負うのか?──使用者責任、国の責任
- 損害賠償で被害者は救済されるのか?──「保険」という存在
- 相互扶助の社会へ──社会でどこまで助け合うか

第10章 友だちとケンカ 175
──紛争処理と法

- 社会あるところ紛争あり　- 裁判所で解決できる紛争は?
- 紛争解決方法の多様性と選択の自由　- ソクラテスの例
- 法的三段論法　- 訴訟にもルールがある　- 論より証拠
- 事実認定はどのように行うのか?　- 「わかりません」は通用しない
- 判決が「絵に描いた餅」にならないように

終章 結局、「法」を学ぶことの意味って何? 193

- 各章を振り返って　- 私たちの中での「法」という存在
- 厳しい法があった方が良いのか?
- 法は、どのような形で存在するのか?　- 法の上下関係
- 公法と私法　- 刑事法と民事法　- 国内法と国際法
- 法学部では、法律の条文を丸暗記するのか?
- 解釈論　- 立法論　- 結局、法学とは何だろう?

序 章

何のために「法」はあるの?

■ あなた思いの存在

　法。今のあなたにとってどんな存在でしょうか。身近な存在でしょうか。それとも少し遠い存在でしょうか。

　「法」と聞くだけで、なんだか小難しそう、ややこしそう、理屈っぽそう…、そんな感覚を抱いてしまうかもしれません。胸を張って「法は私にとって身近な存在です」などと答えてくれる人は、なかなかいないでしょうね。

　確かに、法は難解です。ややこしいです（←ここは包み隠さず正直に白状します）。ですので、法の使い方などについて考える学問（つまり法学）もまたそうとうに難しい、というのが真実です。

　でも、ここで一つイメージしてもらいましょう。あなたの学校に、しょっちゅう小難しいことを言い、ややこしい話をする先生がいたとします。その先生は生徒に対して、ある時は、世界における貧困の現状についてデータを含めながら詳しく話し、ある時は宇宙の起源について相対性理論をまじえながら熱く説明する、そんな先生であったとしましょう。そういう話を聞かされるあなたは、また小難しい話をしてるよ…とうんざりするかもしれません。

　しかし、その先生が、そういった小難しいこと、ややこしいことを語って聞かせているのは、生徒に対するこの上ない愛情ゆえのことだったとすると、どうでしょうか？

　生徒一人ひとりに、「世界の現実を少しでも知ってほしい。そうして自分のことや他人のことを考えてほしい。いろんなことに共感できる感性をもってほしい」という思いから真剣に話をしてくれる先生。

　あなたに、「人間の存在の根源である宇宙の仕組みを知るロマンを感じてほしい」という思いを込めて、熱く話をしてくれる先生。

そんな、いつもあなたのことを気に掛けてくれている先生であると知ったなら、ただただ小難しい話をする先生だと決めつけて毛嫌いするなんてことにはならないでしょう。

■ あなたの身近にある法（法学）

　法（法学）にも、実は似たようなことがいえます。法（法学）の中身は難解で、簡単に理解できるものではありません。いかにも取っ付きにくいわけです。

　しかし法（法学）は、いつも私たちの身近にありますし、しかも、私たちが生きるこの世の中を少しでも良くするために、そして何より、私たち一人ひとりが互いを尊重しながら人生を謳歌できるよう、存在してくれているのです。

　私たちは、母の胎内にいたときからすでに法で守られ、生まれてからも常に法によって人として最大限に尊重、保護されています。あなたが育ってきた家族というコミュニティも法により支えられており、学校での学習の機会も法が保障するものです。外での買い物も、乗り物に乗ることも、選挙に行き票を投じることも、職場での労働も、そして結婚・子育ても、法がかかわる人の営みです。いつか老いて死にゆくときでさえ、法はあなたにかかわります。そして、あなたが過ちをおかしたときは、法の強制力（サンクション）に従わざるをえないこととなります。法は、私たちの人生・生活にとけ込んでいるのです。

　そして、法（法学）は、人々の権利・自由をしっかり保障し、みなが安心して日々の生活を送れること、人生を大いに楽しむことができることを常に目指しています。逆にいえば、法（法学）はそのような存在でなければならない、ということです。ですから、どう

すればより好ましい存在になるか、という重要な問いが生じることにもなります。法学は、そういった問いを大切にし、より良き法の姿を探究する学問だということができるでしょう。

■ 難しい問題を解決するために、複雑になった法（法学）

世の中ではいろいろな価値観が対立しています。何が正しいのか容易に判断のつかない難しい問題が生じることもしばしばです。しかし、難しいからといって放っておくわけにはいきません。特に、誰かが理不尽に不幸に見舞われていたり、理由なく不利益を受けて苦しんでいたり、誰かが不当な手段で利益を得ていたり、といった由々しき事態が生じているのに、それを放ったらかしにする世の中に明るい未来はありません。問題が生じれば、それが難しい問題であっても、可能な限り解決を目指すことが大切です。そして困難な問題の解決を目指そうとするとき、そうです、練りに練って作られた法（法学）が、頼みの綱として登場するのです。

法（法学）は、このように、難しい問題にも対応できるよう、練りに練られて作られています。そのため、その内容はしばしば複雑で技巧的で難解なものになっているのです（だからこそ、理解するにも一筋縄ではいかない、なんてこともよく起きるわけですが）。

法（法学）は難解だけれども、しかしそれだけ頼りになる存在。そう考えていただけると、法（法学）をもっと身近に感じることができるでしょう。

■ 法とは何か

（1）このあとの本編では、難解な法学の内容を、できるだけかみ砕いて、分かりやすく、親しみやすく解説しています。話はとて

も具体的ですので、楽しみながら、しかし同時に考えながら、読み進めていってほしいと思います。

この序章では、そもそも法とは何か、ということについて、簡単にお話しておくこととしましょう。

（2）人は誰しもひとりでは生きていけません。他者との関わりのなかで人生を歩みます。しかし、他者と自分は異なる存在であり、価値観・考え・感覚などもさまざまに異なっていますので、ある程度の摩擦が生じたり衝突が起きたりするのは当然といえるでしょう。しかしさらに、大きなトラブル、紛争へと発展し、一方に大きな不利益が理不尽に生じたりすることは、可能な限り防がなければなりません。そこで有用となるものがルールであり、法です。

法はルールです。よからぬ事態が社会で生じないよう、生じた問題を適切に解決できるよう、私たちの行動を合理的な範囲でコントロールする規範です。この性質を捉えて、法は「行為規範」であるとも言われます（さらに法の機能面を言えば、規制的機能、促進的機能、調整的機能、統制的機能などがありますが、これらについては、もしあなたが将来、法を本格的に学ぶようになったらじっくり確認していくとよいでしょう）。

ところで、法はルール・規範だと聞いたあなたは、法以外にも、社会において機能しているルール・規範があるではないかと思ったのではないでしょうか。はい、そのとおりです。たとえば、習俗、マナー、道徳なども、私たちに行動の指針を与えてくれるものですので、やはりルール・規範です。習俗もマナーも道徳も、そして法も、共通して、人の行動をコントロールする規範であるわけです。

そして、これらの規範は、しばしば互いに重なり合っています。たとえば、人を殺してはならないという規範は、法が命じるもので

もありますが (刑法199条)、そもそもそれ以前に、道徳的に守らなければならない事柄ですよね。法規範と道徳規範が重なり合っているパターンです。

　他方、日本では車は左側通行です。この車は左側通行という法規範は、安全で円滑な道路交通を保つための技術的なルールであって、道徳的な規範ではありません。こちらは、法規範と道徳規範が重ならないパターンです。

　このように、法規範とその他の規範は、重なり合っていることもあれば、そうでないこともあるわけです。

　ちなみに、(少し横道にそれますが) 車の左側通行ルールは、法で次のように規定されています。正確を期したがゆえに細かく堅苦しい条文。これはこれでなかなかおもしろいと思いませんか？

【道路交通法17条4項】
　　車両は、道路 (歩道等と車道の区別のある道路においては、車道。以下第9節の2までにおいて同じ。) の中央 (軌道が道路の側端に寄って設けられている場合においては当該道路の軌道敷を除いた部分の中央とし、道路標識等による中央線が設けられているときはその中央線の設けられた道路の部分を中央とする。以下同じ。) から左の部分 (以下「左側部分」という。) を通行しなければならない。

(3) では、法は本質的に、その他のルール・規範とどこが違うのでしょうか。この問いをめぐっては、いろいろな答えがありうるのですが、さしあたって、法のもつ高度の強制力に着目するのがよいでしょう。

　道徳をはじめとする規範は、確かに多くの人が重視しているもの

で、実際に広く守られているのですが、守らない人がいたとしても、国家はその人に対して強制力を発揮することはありません。その意味では、守ろうが守るまいが、そのことに国家は関知していないということです。個人やコミュニティにお任せしているわけです。これに対して、法規範には、常に国家（権力）という後ろ盾があります。法規範に従わない者に対しては、刑罰や強制執行といった国家による強制的な措置が展開されることになります。このように、国家権力の発動が予定されているかどうかが、法規範と他の規範との大きな違いであるわけです。

たとえば、自動車で道路の右側を走ると、最高で3月の懲役を内容とする国家刑罰権が発動しうることとなります（道交法119条1項2号の2）。また、民事裁判で負け、賠償義務を果たさなければならなくなった（勝訴した相手に賠償金を支払わなければならなくなった）にもかかわらず、その義務を履行しない場合は、強制執行という国家による実力行使（土地・建物・車などの差押え）を受けることとなります（民事執行法）。

なお、先ほど述べたような法規範の本質からしますと、法規範は、誰しも守ることのできる現実的な規範であるということが分かるはずです。そういう規範だからこそ、守らなかった者に対する国家権力の発動が正当化されるのです。徳を積んだ特別な人しか守れないような規範は、道徳や宗教上の規範にはなりえても、法規範にはなりえないのです。

■ **国家（権力）についてどう考えるか**

法という規範の背後には常に国家（権力）がある、と言いました。この点にもう少しじっくり向き合いますと、国家（権力）はど

のような存在であるべきか、ということが気になってくるはずです。法と国家は切り離せない関係にありますので、下手をすると、法は国家の権力行使のための手段にもなりかねません。国家権力が幅を利かし、私たちの生活に法を使って常に強く介入してくるような世の中は、生きやすい世の中でしょうか。その反対に、必要な手助けをほとんどしてくれないような、いわば放任主義の国家のもとでの生活は、今日において幸せなものになるでしょうか。こういった視点から、国家は法との関係でどういう存在であるべきかをあなたもぜひ考えてみてください。

　ここでは、この問いをめぐって、かつての偉人が唱えた考え方を一つご紹介しておきましょう。イギリスの哲学者トマス・ホッブズ（1588～1679年）の国家観です。ホッブズは、人間について、法も政治も知らない自然状態のもとでは、自己の利益をどこまでも追求していくような、極めて利己的な存在であると捉え、そのまま放っておくと、至るところで利害衝突が起き、世の中は闘争まみれの状態になりかねないとしました。しかしもちろん、誰しも自分が闘争の犠牲者になることは望まないわけで、それゆえ、「万人の万人に対する闘争」を抑止しうる強力な力の存在を求めることになるはずだと考えました。この強力な力こそ国家（権力）であると説いたのです（著書『リヴァイアサン』より）。

　このようなホッブズの国家観は歴史的にどういう意味をもったのか、今の私たちの社会にどういった影響を与えているかなど、ぜひ考察してみてください。

■ 法はいかなる基本思想に支えられるべきか

（1）法は人が作り、人が使うものです。ですので、どのような

基本思想に基づいて作られるか、使われるかということが、法の善し悪しを決める非常に重要なポイントだということになります。これはまさに、法の土台となる基本思想のあり方の問題です。法はどのような基本思想に支えられるべきなのでしょうか。簡単な問題ではありませんが、考えることを避けてはならない問題です。

　たとえば、特定の宗教の教義に従って、人工妊娠中絶を一切禁止する法制度は、正しい基本思想に則っているとあなたは考えるでしょうか。

　納税は労働によって稼いだ個人の給与を奪う制度だとして、これを廃止すべきだという考えはどうでしょうか。

　要介護者の家族に自宅介護を義務づける法制度はどうでしょうか。

（2）また、より具体的に次の例を挙げましょう。たとえば、多くの人命を救うことを目指し、臓器の機能が低下している患者たちに対して、より積極的に臓器を移植することについて検討を加えることになったとします。もちろん、移植用の臓器を多く確保することは容易なことではありません。そこで、ある人が、次のように提案したとしましょう。

　　今、脳死に至った者から臓器を摘出することは、本人の生前の同意か家族の同意があれば、合法である。しかし、このような制度のままだと、家族がいざとなったときに臓器摘出を拒むこととなれば、臓器は摘出できなくなる。そこで、本人の同意も家族の同意も不要とし、本人および家族の意思にかかわらず、確実に臓器摘出できるようにすべきだ。そうすれば、心臓、肝臓、肺、膵臓、小腸などの臓器を確保することができ、臓器移植を待つ患者を多く救うことができる。

この提案は、要するに、脳死に至った人の臓器を積極的に利用・活用して、臓器移植を待つ患者を多く救おうというものです。ただ、そのために、臓器の摘出を、本人や家族の意思によらずに可能とする仕組みを導入しようというものです。
　あなたはこの提案の根底にどのような基本思想があると考えるでしょうか。そして、この提案に賛成でしょうか、反対でしょうか。

　以上、問いを重ねてきましたが、正解を求めるのではなく、純粋法学、功利主義、義務論、公正、リベラリズム、リバタリアニズム、共同体主義、福祉国家といったキーワードをヒントにして、調べ、あれこれ考えてみてください。それができれば、今のところ十分です。

　(3) 今日の日本は「大立法時代」に入っていると言われます。一昔前と異なり、新しい法律が次々に作られ、法改正も頻繁に行われているためです（ちなみに、2016年3月1日現在で、法律の数は1960に上ります。総務省行政管理局が運営する法令データより）。社会は激動のさなかにあり、既存の法律では対応しきれない事態が次から次へと起きているということの一つの証といえるでしょう。
　比較的最近、立法ないし改正された法律としては、臓器移植に関する法律（1997年制定、2010年に大きな改正）、不正アクセス禁止法（1999年制定、その後改正）、少年法（2000年の改正で厳罰化にシフト、その後も改正）、個人情報の保護に関する法律（2003年制定、その後改正）、海賊行為の処罰及び海賊行為への対処に関する法律（2009年制定、その後改正）、子ども・若者育成支援推進法（2009年制定）、外国等に対する我が国の民事裁判権に関する法律（2009年制定）、スポーツ基

本法 (2011 年制定)、社会保障制度改革推進法 (2012 年制定)、いじめ防止対策推進法 (2013 年制定)、自動車の運転により人を死傷させる行為等の処罰に関する法律 (2013 年制定)、国際的な子の奪取の民事上の側面に関する条約の実施に関する法律 (2013 年制定)、(新) 少年院法 (2014 年制定)、サイバーセキュリティ基本法 (2014 年制定、その後改正)、女性の職業生活における活躍の推進に関する法律 (2015 年制定)、労働基準法 (2015 年改正で、年次有給休暇の取得の促進等が盛り込まれる) などなど、枚挙にいとまがありません (←法学部に進んだからといって、これらを覚える必要など全く生じませんので、安心してください)。特にみなさんに直接関係する法改正としては、公職選挙法等の一部改正がありますね。これにより、2016 年 6 月 19 日以降、18 歳になれば選挙に参加できることとなりました (→第 5 章)。

このような大立法時代です。どのような基本思想に基づいて立法・改正を行うかということが、ますます重要な問題となっているということを、少しでも意識していただけますとうれしいです。

■ さあ、法の世界へ！

プロローグはこのくらいにしましょう。いよいよ幕が上がります。

本編は 10 章構成です。法律の各分野について自然に理解が進んでいくよう、具体的な話がふんだんに盛り込まれています。あなたなりに、(正解を求めるのではなく) あれこれ考えながら、読み進めていってほしいと思います。そのプロセスこそ、あなたを成長させてくれる、大切な経験になるのですから。

【ブックガイド】

- 伊藤正己・加藤一郎編『現代法学入門』(有斐閣、第4版、2005年)
- 川添利幸『法学概論』(文久書林、1988年)
- 倉沢康一郎『プレップ 法と法学』(弘文堂、1986年)
- 団藤重光『法学の基礎』(有斐閣、第2版、2007年)
- 渥美東洋『法の原理』(中央大学生協出版局、2006年)

第 **1** 章

「遅刻したら
トイレ掃除1週間」は
効果的?

犯罪と刑罰

■ とある学園の高等部に通うY君の日常

ある日の夜
　Y君は、ここのところスマートフォンのゲームにはまってしまい、今夜も遅くまでゲームをしている。時計の針は夜中の2時、宿題もまだ終えていない。それどころか、まったく手を付けていない。
　時計の針は3時を過ぎたところ。さすがに眠くなってきたのか、ゲームを切り上げ、布団にもぐり込むY君。遅刻しないためには、家を7時には出なければならないのだが…。

翌朝
「やばい！　もう8時じゃないか、遅刻しちゃうよ。母さん、なんでいつもの時間に起こしてくれなかったんだよ！」
「何を言ってるの。何度も声をかけました。あと5分、あと5分って何度も言って、起きなかったのはあなたでしょう。そもそも、高校生にもなって誰かに起こしてもらおうだなんて、いつまでも甘えてるんじゃありません。」
「分かった、分かったよ。それじゃあ、行ってきます。」
「あ〜、今からだと1限の途中に着くかな。1限は何だったかな。うわ、エンケンの数学かよ！　あいつ、私語だけじゃなく、遅刻にも厳しいからな。なんて言い訳しようか…」

教室にて
「出席を取ります。えー、H君。はい。Y君。Y君？　Y君は来てないのか。最近、Y君は遅刻が多いな。それでは、S君…」

すると、息を切らせながら教室に入ってくるY君。

「すみません。夜遅くまで宿題をやってたら、寝坊しちゃいました。」

「そうか。それなら仕方がないな。以後、気をつけなさい。ちょうど、宿題の答え合わせを始めようとしたところだ。では、Y君、1問目の解答を黒板に書きなさい。」

「えっ(ヤバい…)」

「どうした？ 1問目は基本問題だから簡単だっただろう。3問目は応用問題だったから、手こずったかもしれないが。」

「…(ついてないや)」

「どうした。ん？」

「1問もやってません…」

「夜遅くまで宿題をやっていたんじゃないのか？ なに、嘘でしただと。遅刻だけでなく、嘘までついたのか！」

「…(うわ、怒ってる…)」

「もういい。Y君は昼休みに職員室に来るように。それじゃあ、Dさん、解答して。」

昼休みの職員室にて

「Y君、君は最近遅刻が続いている。しかも、今日は嘘までついた。君は自分の生活態度を見つめ直す必要がある。1週間、2階の男性用トイレの掃除をしなさい。」

■ Y君に対してみなさんが抱くであろう感想

　Y君は、ゲームに夢中になって夜更かしをして朝寝坊をしたにもかかわらず、夜遅くまで宿題をしていたせいで遅刻をしたと嘘をつ

きました。結局、先生にばれてしまい、罰として1週間のトイレ掃除をすることになりました。このトイレ掃除自体は刑罰ではありませんが、これを手掛かりとして、刑罰の意義や目的について考えてみたいと思います。

　Y君に対して、みなさんはどのように感じるでしょうか？　遅刻をして、さらに宿題もやっておらず、嘘をついてごまかそうとしたのだから、トイレ掃除くらい当然だ、という人もいるでしょう。あるいは、自分もよく遅刻をしたり、宿題をさぼったりするから気をつけようと思った人もいるかもしれません。あるいは、1週間のトイレ掃除だなんて、Y君の人権を侵害するものだ、と憤慨する人もいるでしょう。

　みなさんがY君の立場だったらどうでしょうか。1週間のトイレ掃除なんてひどすぎる、と不満たらたらになるでしょうか。それとも、1週間のトイレ掃除なんてこりごりだ。これからは生活態度を見直そう、というふうに反省をするのかもしれません。

　さて、みなさんが抱くであろう感想をつらつらとまとめてみましたが、実は、ここには刑罰に関する考え方がほぼすべて含まれているのです。ここからの議論には専門用語がたくさん出てきます。しかし、刑罰に関する専門的な理論は、実は上でまとめた感想のどれかと結びつくものなのです。

■ 刑罰を支える2つの考え方

　刑罰を支える考え方は、①応報と考える立場（応報刑主義）と、②社会の保護・防衛のための手段と考える立場（目的刑主義）の2つに分けることができます。どちらの考え方も刑罰の本質をついており、どちらか一方が正しいと決めることはできません。

まず、①応報刑主義とは、刑罰は犯人が行ったことへの報いである、とする考え方です。犯罪という害悪を引き起こした犯人に対して、刑罰という害悪を加える、という発想に支えられています。みなさんも、「目には目を、歯には歯を」という言葉を聞いたことがあるでしょう。これは、古代メソポタミアのハムラビ法典にしるされているものです。応報という考え方が、人類の歴史と同じ程度の歴史を持っていることに気づくでしょう。

　「目には目を、歯には歯を」というわけですから、被害者に加えた害と同等の害が刑罰として犯人に加えられることになります。したがって、応報刑主義の立場からすると、刑罰は犯罪とつり合ったものでなければならない、ということになります。

　これに対し、②目的刑主義は、将来の犯罪を予防することが刑罰の目的である、とする考え方です。

　刑罰を通しての社会防衛は、一般国民を犯罪から遠ざけることによって実現されます。つまり、犯人に刑罰が科される姿をみることで、一般国民は、犯罪を行えば犯人と同じように処罰されるのだと認識することになります。これは、犯人に刑罰を科すことで、一般国民に対し、犯罪行為に及ばないよう警告を発しているのです。これは、「一般予防」と呼ばれています。

　刑罰を通しての社会防衛は、犯人を教育し、善良な社会人として社会復帰させることによっても実現されます。これは、刑罰を科すことで、犯人が再び犯罪行為に出ないようにするというもので、「特別予防」と呼ばれています。特別予防は、刑罰を一種の教育と捉える見方です。つまり、目的刑主義は教育刑主義へと発展していくのです。この考え方によると、刑罰は、犯人を教育し改善させるために科されることになります。

では、刑罰の目的として、教育ということを考えるとはどういうことでしょうか。この点を理解するために、塾などで行われている到達度別のクラス分けを例にとります。

　塾などでは、到達度別にクラス分けがなされることがありますし、文系・理系でクラスを分けることも多いでしょう。これは、生徒の到達度や能力にあわせて教育指導する方が、効果が上がると考えられているからです。刑罰も、これと同じように考えることができます。犯人の危険性や社会への適応力に違いがあることを前提として、個々の犯人に適した方法で改善を図っていこうとするのです。したがって、一人ひとり、科される刑罰の重さや長さに違いが出てくることになります。

　このように、目的刑主義は、一般国民に対する警告と教育による犯人の改善によって、将来の犯罪発生を予防しようとする考え方なのです。

■ 目的刑主義の問題点

　ただし、目的刑主義には、問題点が指摘されています。

　まずは、一般予防に対する問題点です。一般国民に対する警告という側面を強調することには危険が伴います。なぜなら、刑罰が重ければ重いほど、一般国民に対する警告は効果的といえるからです。したがって、この側面を過度に重視すると、パンを一切れ盗んだだけでも無期懲役ということにもなりかねません。これでは、刑罰は見せしめとしての意味しか持たなくなります。憲法36条が残虐な刑罰を禁止していることを忘れてはなりません。

　また、特別予防にも問題点があります。そもそも、応報刑の発想に比べれば、特別予防の点を重視する教育刑主義の方が、一人ひと

りの個性にあわせて刑罰を科していくため、進んだ考え方だという感想を持った人もいるでしょう。その理解は、一面では正しいということができます。応報刑主義の方が古い考え方であり、教育刑主義の考え方は、近代になってから表舞台に現れたものです。しかしながら、犯人の改善という点を極端に重視してしまうとどうなるでしょうか。刑事施設（刑務所）の中で教育が行われ、犯人の改善が達成されたと評価されない限り、ずっと刑事施設に入れておくべきだ、ということになりかねません。あるいは、改善のためなら何をしてもよい、というところまで行き着くかもしれません。もちろん、現在、教育刑主義の立場を重視する人の中に、このような極論を展開する人はいません。しかし、ある理論が正しいか否かを判断するにあたっては、極論した場合にどうなるか、という思考実験をすることがあります。要するに、振り子が振れすぎないようにするため、バランスを保つことが大切だということです。

　教育刑主義の考え方はとても重要ですが、極端に行き過ぎると危険なところがあります。そのことを忘れず、教育刑主義のよい部分を採用することが必要です。

■ 応報刑主義の問題点

　それでは、応報刑主義には何も問題がないのでしょうか。応報刑主義によると、刑罰はただ単に犯罪が発生したから科されるものと位置づけられることになります。つまり、この考え方によるならば、刑罰に何らかの目的を求めてはならない、ということになるのです。目的刑主義のように、犯罪の予防を目的として犯人に刑罰を科すということは、いわば犯人を道具のように利用して、社会の安全を図っていると批判するのです。犯人に刑罰が科されることが社

会防衛の「手段」になっている、と批判しているわけです。

　しかしながら、刑罰の存在が犯罪予防に役立っている点を否定することはできないでしょう。また、刑罰を科すことで犯人が反省することにも問題はないでしょう。したがって、刑罰には報いとしての性質があることは間違いありませんが、それ以外の働きがあることも認めるべきだということになります。

■ 刑罰を支える考え方のまとめ

　このように、刑罰の存在や刑罰の適用を支える考え方は、どれも正しいものを含んでいます。しかし、一歩間違えると、とても危険な事態を引き起こしたり、視野の狭い考え方につながるという側面も有していることに気づきます。刑罰を支える考え方には負の側面があることを十分に認識して、バランスを保ちながら刑罰を適用することが必要です。今日では、刑罰の本質は応報であるが、刑罰の目的は犯罪の予防であるとする考え方が一般的です。応報刑主義と目的刑主義のよい部分を採用する見解といえるでしょう。

■ Y君に対してみなさんが抱くであろう感想と刑罰理論

　ここで、Y君に対してみなさんが抱くであろう感想が、これまで述べてきた刑罰に関する理論とどのように結びつくのか、まとめてみたいと思います。

　Y君が1週間のトイレ掃除をするのは当然だと考える人がいるでしょう。これは、遅刻をしたことと嘘をついたことに対する報いとしてトイレ掃除を位置づける見方です。したがって、このような考え方は、応報刑主義と親和性があります。

　Y君がトイレ掃除をすることになって、自分も気をつけようと

思った人もいるでしょう。自分はY君のような目にあいたくないと考えているわけですから、トイレ掃除は警告の役割を果たしたことになります。トイレ掃除は、一般予防と同様の働きをしたのです。

トイレ掃除はY君に対する人権侵害だと考えた人は、Y君の行為と罰としてのトイレ掃除がつり合わないと考えています。これは、犯罪と刑罰のつり合いを重視する応報刑主義と同様の発想といえます。ただし、繰り返しになりますが、トイレ掃除は刑罰ではありません。教育の現場で懲戒として行われているものです。したがって、トイレ掃除が妥当か否かは、直接的には、「校長及び教員は、教育上必要があると認めるときは、文部科学大臣の定めるところにより、児童、生徒及び学生に懲戒を加えることができる。ただし、体罰を加えることはできない。」と規定する学校教育法11条の解釈問題となります。

Y君と同じ立場になったと仮定して、生活態度を改めようと思うのであるならば、トイレ掃除には効果があったことになります。すなわち、トイレ掃除には、特別予防と同様の効果があったことになります。

■ **罰にはどのような意味があるのか**

刑罰と教育の現場で行われる懲戒とをまったく同じように考えることはできませんが、刑罰を支える考え方は、教育の現場で行われる罰の正当性を考えるうえで、有効な視点を提供してくれているように思えます。

みなさんは、1週間のトイレ掃除は遅刻や嘘に対する罰として効果的と考えるでしょうか。便器をタワシで磨くだけでなく、床にデッキブラシをかけることもしなければなりません。手洗い場には

水が飛び散ったりしていることもあるでしょう。これもぞうきんで拭く必要があります。

　学校のトイレ掃除なんてもうこりごりだ。こんなことならちゃんと宿題をして、遅刻をせずに登校しよう。Y君がそう考えるなら、トイレ掃除には効果があったことになります。これに対して、トイレ掃除を命じた先生に対する不満しか持たないのであれば、トイレ掃除には罰としての効果がなかったことになります。

　結局、刑罰であれ、教育の現場で行われる罰であれ、行為者に反省を促すものでなければ意味がないということになります。

■ 刑罰の種類について

　日本史や世界史の教科書を見ると、様々な刑罰があったことが分かります。日本史を勉強した人であれば、「笞、杖、徒、流、死」という言葉を聞いたことがあるでしょう。世界史を勉強した人であれば、魔女裁判で多くの人の命が失われたことを学んでいるでしょう。

　さて、日本では、刑法9条が刑罰の種類を定めています。すなわち、死刑、懲役、禁錮、罰金、拘留、科料、没収が刑罰となります。「死刑」とは、生命を奪う刑罰です。「懲役」「禁錮」「拘留」は、自由を剥奪する刑罰です。懲役と禁錮は刑事施設に収容する点で共通ですが、懲役では刑務作業を行わなければならないのに対し、禁錮ではその義務がない点で異なっています。拘留は、1日以上30日未満という短い期間、刑事施設に収容するものです。「罰金」と「科料」は、財産を奪うという点で共通していますが、金額に違いがあります。罰金は原則として1万円以上、科料は1000円以上1万円未満となっています。没収とは、物に対する所有権を剥奪し、国が取り上げる処分をいいます。

刑罰の中心は、懲役刑です。刑罰を支える理論も、懲役刑を正当化するための理論ということができます。さて、懲役刑が科されると、一定期間、刑事施設に収容されることになります。これにはどのような意味があるでしょうか。

　刑法で犯罪と刑罰が定められることにより、国民は犯罪を行うことを差し控えるでしょう。また、「懲役〇〇年の刑が下された」との報道に接して、犯罪を行うことを差し控える人もいるでしょう。これらは、一般予防としての効果でした。

　刑事施設に収容され、自由が大幅に制限される生活を送ることで、自己が行った犯罪と向き合うことになります。ここでは、特別予防の効果が期待されることになります。

　さて、社会の側から刑罰というものを見るとどうなるでしょうか。犯罪を行ったと認定された犯人は、一定期間、刑事施設に収容されることになります。これは、犯罪を行った者を単に一般社会から隔離するというものではありません。懲役刑の場合には、受刑者は、刑期を終えたあと、社会に再び戻ってくることになります。刑罰のあり方を考えるうえでは、この点も重要です。

　一般社会から単に隔離するという視点で、10年、20年、刑事施設に収容されると、刑期を終えたあと、社会の構成員としての生活を送ることが非常に難しくなります。切符の買い方が分からない、自動改札の出入りの仕方が分からない、電話のかけ方が分からない、ということになるでしょう。これでは、懲役刑が、社会に適応できない人を作るものになってしまいます。そうではなく、一定期間刑事施設に収容されることで、社会の構成員として相応しい行動をとれるようにならなければなりません。

■ **犯罪の認定について**

これまで、刑罰を支える考え方について論じてきましたが、刑罰が科されるためには、裁判で有罪との認定が下されなければなりません。裁判が開かれる必要がありますし、その前に、捜査が行われることになります。このような、犯罪の捜査や刑事裁判を規律する法律を、刑事訴訟法といいます。

犯罪の捜査は、犯罪を行ったとされる人物を特定し、証拠を収集する活動です。テレビなどで、「犯人が逮捕されました」と報道されることがありますが、その人が犯人であるかどうかは、刑事裁判が終わらなければ分かりません。また、「容疑者」という表現も用いられますが、これもマスコミ用語で、法律用語ではありません。

刑事裁判では、犯人とされる人が本当に犯人であるのかを徹底的に調査することになります。そのためには、証拠が必要となります。証拠がなければ、無罪となります。実は、刑事裁判の場では、被告人は無罪であるとの前提で審理が進められます。これを「無罪推定の原則」といいます。被告人は無罪であるとの前提でスタートし、証拠を批判的に吟味して、無罪との前提がくつがえってはじめて有罪となる、というのが日本の刑事裁判です。刑事裁判が、有罪

コラム（起訴便宜主義）

犯罪の存在を国家が把握したとしても、そのすべてが刑事裁判にかけられるわけではありません。犯人の性格・年齢・境遇、犯罪の軽重・情状、犯罪後の事情などに照らして、訴追の必要性がないと検察官が判断した場合、検察官は裁判所に訴えを起こさないことができます。これを起訴便宜主義といいます。

例えば、犯人が十分に反省をして被害弁償を行い、被害者側も刑事裁判までは必要ないと考えている場合や、社会的制裁を十分に受けている場合に、検察官の裁量で訴えの提起がなされないことがあります。

を確認する場ではないことに注意してください。

　有罪・無罪の判断にとって、証拠の有無は非常に重要となります。そこで、刑事訴訟法は、証拠の収集活動を厳しく規律しています。次のような状況を想像してみてください。警察が勝手にみなさんの自宅に入って、机の引き出しの中を探しはじめたり、誰にも見られたくない日記を読んだりする。このように、いつ警察が自宅にやってきて、家の中を探しまわるか分からないのが日常になってしまうと、世の中に自由はまったくないことになります。そこで、刑事訴訟法では、どのような場合に人の住居に立ち入ることができるのか、どのような場合に捜索をすることが許されるのかについて、細かな定めを置いています。

【ブックガイド】

- 刑罰について考えるきっかけになるものとして、森鷗外の『高瀬舟』をおすすめします。また、デュマの『モンテクリスト伯』、ユーゴーの『レ・ミゼラブル』なども、夏休み等の長期休暇を利用して、ぜひ読んでほしいと思います。
- 刑事裁判については、日本のものであれば『リーガル・ハイ』や『HERO』、『99.9』といったテレビドラマを鑑賞するとよいでしょう。アメリカのものであれば、『ロー＆オーダー』や『プラクティス』というドラマがおすすめです。このほかにも優れたドラマが沢山あります。どれも時間を忘れるほど面白いです。
- 小説やドラマではなく、刑事法の入門書を読んでみたいという人もいるでしょう。高校生向けに書かれたものではありませんが、山口厚『刑法入門』（岩波新書、2008 年）は、刑法の入

門書として一読してほしい書籍です。また、三井誠ほか『入門刑事法』(有斐閣、第5版、2013年) は、刑法や刑事訴訟法だけでなく、犯罪者の処遇や少年事件についても取り扱っています。弁護士や裁判官、検察官などによるコラムもあり、法律にかかわる仕事に就きたいと考える高校生が、仕事の内容について具体的なイメージを浮かべることができる好著です。

・なお、本章を執筆するにあたっては、大塚仁『刑法概説(総論)』(有斐閣、第4版、2008年)、西田典之『刑法総論』(弘文堂、第2版、2010年)を参照しました。私は学生の頃、この先生方のテキストを熟読して、刑法はとても面白い科目だと感じるようになりました。

【研究課題】

❶新聞の記事で、犯罪現象について特集が組まれることがあります。どのような犯罪に関する特集があるのか、調べてみましょう。

❷警察の取り調べ方法など、捜査のあり方について批判的に報道されることがあります。どのような捜査方法が問題とされているのか、なぜ問題とされているのか、調べてみましょう。

筆者のひとりごと

なければないでそれにこしたことはないけれど、なければとても困るものが法律です。そして、星の数ほどある法律の中で、取り扱いに細心の注意が必要なのが刑事法です。歴史をさかのぼると、刑法や刑事訴訟法、そして刑罰というものが、圧政や弾圧の手段として用いられた苦い経験があることが分かります。

刑罰を支える考え方を紹介するときにも述べましたが、刑罰には負の側面や危険な部分があることを直視して、適用していかなければなりません。

第 **2** 章

「彼と付き合う」を分析する

契約の拘束力

■ **まずは、アンケート！**

　突然ですが、みなさんは、今、誰かと付き合っていますか？　つまり、彼・彼女がいるか？　ということです。「Yes」の人もいれば、「No」の人もいるでしょう。「Yes」の人は、幸せですか？　それとも、正直あまり…という感じですか？　「No」の人は、彼・彼女がいる友だちが羨ましいですか？　それとも、そんなの面倒くさそうだなぁと思いますか？　いずれにしても、(Yesであれば現状を、Noであれば経験や想像で)次の問いに答えてください。

〔**Q.1**〕付き合いだしたきっかけは？
　　①自分から告白　②相手から告白　③いつの間にか
　　④その他

〔**Q.2**〕付き合うようになって、お互いの約束事は？（複数回答可）
　　①毎日連絡をとる　②昼ごはんを一緒に食べる
　　③一緒に帰る　④週末は一緒に遊ぶ　⑤浮気をしない
　　⑥その他

〔**Q.3**〕もし、相手が約束を破ったら、どうする？（複数回答可）
　　①隠れて泣く　②我慢する　③謝ってもらう
　　④仕返しをする　⑤約束を守ってもらうよう説得する
　　⑥何か埋め合わせをしてもらう　⑦別れる　⑧その他

　では、それぞれについて簡単なコメントをしておきましょう。
　まず、〔Q.1〕について。①「自分から告白」または②「相手から告白」と回答した人は、何も問題ないと思います。問題があるのは③「いつの間にか」です。この場合、本当に付き合っているといえるのでしょうか（自分の勘違いではないでしょうか）。自分が相当モテ

るという自覚がある場合を除き、相手に確かめてみる必要があるような気がします。

〔Q.2〕について。「付き合う」こと自体は、それ自体意味のあることでしょうし、得られるものも多いでしょう。「付き合う」ことで、自分という人間を飛躍的に成長させられる人もいるでしょう。しかし、多かれ少なかれ、「付き合っている」という状態は「付き合っていない」状態と比べた場合、相手を拘束し、自分も拘束されている状態であることは間違いありません。そして、質問に対する回答として○をつけた数が多ければ多いほど、拘束度合いは強くなっています。もちろん、拘束度が強いから悪いわけではありません。みなさんそれぞれで、拘束度の好みもあるでしょう。むしろ、今ここで注目したいのは、みなさんのそれぞれが、「付き合う」という意味（付き合うとは、自分が何をして、また、相手に何をしてもらえる状態を指すのか）をどのように考えているか、という点です。もし、「私たちは付き合っているけれど、相手から何の拘束も受けない」というのであれば、〔Q.1〕において③と回答した人同様、本当に付き合っているか、相手にやはり確かめる必要があります。

〔Q.3〕について。①「隠れて泣く」および、②「我慢する」という回答は、あまり好ましい態度ではないように思います。嫌な思いをしたら、何らかの方法で、相手にそれを伝えなければなりません。③「謝ってもらう」というのは自然かもしれませんが、それだけで相手を許せますか？　しかし、④「仕返しをする」はよくありません。約束を破られたことが、そのまま、自分も約束を破っていいことには繋がりません。やはり、⑤〜⑦の対応が、よいと思いますが…どうでしょう。

さて、一見すると、法学とは全く関係ないような内容から入った

ように感じられるかもしれませんが、実は本章では、「付き合う」ということから出発して、「契約に関する法」をイメージする（そして、副次的に、「契約に関する法」から「付き合う」ということをイメージする）ことを目指しています。そして、私は、みなさんが〔Q.1〕〜〔Q.3〕の問いに答えることができ（妄想でもOK！）、かつ、先ほどのコメントに沿って頭の整理さえすれば、「契約に関する法」を理解する十分な準備ができたと考えています。さあ、スタートしましょう。

■「契約」とは何か

　私たちは、生きていく中で、たくさんの契約をしています。みなさんも、学校で必要なノートを買うでしょうし、放課後に友だちとカラオケボックスに行くかもしれません。春休みにTDLやUSJに行くかもしれないし、部活の合宿で山中湖に宿泊するかもしれません。いずれにしても、いろいろなところで、いろいろなお店と何らかの契約をしています。そこでは、「そちらが特定の何かをしてくれるかわりに、こちらも特定の何かをする」という関係が出来上がっています。「カラオケボックスの部屋を借りるかわりに、レンタル代金を支払う」というように。およそ、これが契約です。

　では、なぜ、契約をすることが必要なのでしょうか。想像してください。生きていく上で、全て自給自足をしなければならないとすると、どうでしょうか。けっこう不便ではないでしょうか。牛肉を食べたければ牛を飼い、おしゃれな洋服を着たければ、自分で洋服を一から作らなければならないというような生活。少なくとも、私には無理です。しかし、社会において、人々が契約をする自由（自分が提供できる物やサービスを、他人のそれと交換することができること）が

認められていれば、人々は、各自の得意分野の専門家になったうえで（分業）、他の人々との契約を通じて交換することによって、はるかに多様な物やサービスを、より安く手に入れることができるでしょう。契約のない社会より、契約のある社会の方が、確実に、人々の生活は便利で豊かになるのです。

■ 契約の対価としての「お金」の存在

ちなみに、みなさんは契約するために相手方に差し出す物として、何を持っていますか。まさか「これから先1ヶ月の夕食の米を手に入れるために、今、自宅で馬を飼っています！」なんて言う人は、いないですよね（たぶん…）。しかし、いくらかの「お金」は持っているはずです。

契約には、通常、国家によって発行されるお金（紙幣や貨幣）がつきものです。いわゆる、貨幣経済です。本を買うにも、旅行をするにも、お金が必要です。高校の世界史の授業では、古い時代のローマの貨幣などが、国家が発行した貨幣の例として登場しますね。また、時代の流れの中で、貨幣だけではなく紙幣が登場したこともご存じでしょう。さらに、最近では、電子技術の発展によって、貨幣や紙幣を用いない電子上のお金（電子マネー）も用いられるようになっています。いずれにしても、契約によって物やサービスを受ける対価は、金銭（お金）の支払いであることがほとんどです。

■「市場」の存在と自由競争

ところで、みなさんは、「市場（しじょう）」という言葉を知っていますか。市場とは、人々が、自分の意思決定に基づいて、自由に、価格に従って、物やサービスを交換する仕組みのことを意味します。魚市

場、朝市、フリーマーケットのように、物を買いたい人と売りたい人が特定の場所に集まる「市場(いちば)」があるのはご存じだと思いますが、「市場(しじょう)」の場合は、実際に人が集まって、その場で物の引渡しや代金の支払いがなされる必要はなく、需要と供給が出会う抽象的な場を意味する、非常に広い概念です。私たちは、企業が提供する様々な物を買い、サービスを受けながら生活しています。すなわち、私たちは、市場におけるプレーヤーなのです。

市場では、通常、自由な競争が繰り広げられています。どの企業も、良い商品をできるだけ安く売ろうと努力をします。牛丼屋、ガソリンスタンド、紳士服店、スーパー…。安売り競争の例は、たくさんあります。他方、その物の希少価値が高ければ、価格は自然と吊り上るし、消費者はそれを入手するために奔走します。

なお、市場に任せておけば、社会全体にとって最善の結果となるという考え方を市場主義といいます。市場の導入によって、競争が発生し、より望ましい状態になる、というものです。高校の地歴公民の授業で、アダム・スミス（1723～1790年）について学習しましたか？ 彼は、1776年に『諸国民の富の原因と性質に関する一研究（国富論）』を出版し、市場の「見えざる手」によって、経済活動は自然と望ましい結果に導かれる、という考え方を展開したことで有

■ コラム（適切な競争状態の確保）

企業が、不当な手段によって競争を回避したり、競争を抑圧（排除）したりすると、市場において競争が発揮する利点が失われます。また、そのような競争を歪める積極的な行動がなくても、例えば市場に1社しか企業が存在しないなど、自然と構造的に競争が行われにくくなる場面も想定されます。そこで、適切な競争状態を維持するための法律が必要となります。それが、「私的独占の禁止及び公正取引の確保に関する法律（独占禁止法）」です。

名です。そして、この考え方を進めていくと、国家が市場に不必要に介入することは、好ましい状態とはいえないこととなります。

■ 契約と法の関係

封建社会から解放された近代市民社会においては、人は自由な経済活動を行うことが保障されており、自己の利益を最大限に追求することが認められています。人々は、契約の締結・内容・相手方・方式などを、誰からも強制されずに自由に決定することができ、国家も基本的に何ら干渉することができません。これを、契約自由の原則（より広くは、「私的自治の原則」）といいます。

ただし、いくら自由とはいっても、契約には相手がいますから、自分勝手に何をやってもいいというわけではありません。ルールが必要です。では、そのルールはどうやって作られるのでしょうか。契約当事者で、契約のたびに一から話し合ってルールを作るのも良いでしょうが、時間も手間もかかります。また、契約がうまく機能するために、社会全体で契約の秩序を整える必要がある場合も考えられます。そこで、契約に関する法律が定められています。その中心となるのが「民法」や「商法」という法律です。

■ 契約の成立（〔Q.1〕に対応して）

次に、冒頭〔Q.1〕に対して、「いつから、"付き合う"という状態になるんだろう」と不安に感じるみなさんに参考となるように、契約の成立についてお話ししておきましょう。

いったい、契約はいつ成立するのでしょうか。民法上は、「申込み」と「承諾」という2つの意思表示によって成立するのを原則としています。一方的な意思だけでは足りず、たとえば、売買契約

であれば、「買いたい」という意思と「売りたい」という意思が合致しなければなりません（冒頭の〔Q.1〕について、きちんと「付き合う」という合意がないと、付き合っていることにならないというのに似ています）。

ところで、契約の実務では、契約締結時に、「契約書」を作成する場合が少なくありません。しかし、契約書は、後で契約が締結されたのか、また、どのような契約が締結されたのかが争われた時に、契約当事者の意思を確認するために作成される、証拠のための証書（証拠証券）にしかすぎません。契約書に署名・捺印しない限りは契約が絶対に成立しないわけではありません。

■ 自動販売機でコーラを買う

契約が成立すると、約束した内容に当事者は拘束されます。したがって、「契約が成立したのかどうか」は、大切な事柄となります。しかし、両当事者の継続的な交渉の中で、徐々に契約成立へと熟していくような場合、どの時点で意思の合致があったかを確定するのが容易でないこともあります。また、短時間のうちに契約締結へ向けたやりとりが終結する場合であっても、どれが申込みで、どれが承諾なのか、争いとなる場合もあります。

たとえば、「高校の食堂に設置されている自動販売機で、飲料水を1本買う」という場面を想像してください。一般的には、およそ次の図のような流れとなるでしょう（ちなみに、電子マネーの場合、③と④が逆でしょうか）。

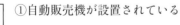
①自動販売機が設置されている
②自動販売機の前に立つ
③自動販売機にお金を入れる

④飲みたい飲料水のボタンを押す
　⑤飲料水とお釣りが機械から出てくる
　⑥飲料水とお釣りを受け取る

　また、これに関し、ある民法の教科書には、次のような記述があります。

　　たとえ自動販売機であれ、コーラを買うのは売買契約の一種である。そこで、これを申込み・承諾の意思表示に分解すると、自動販売機の設置自体が申込と考えられる。代金の支払行為は、通常はすでに成立した売買契約の履行であるが、この場合の硬貨を入れる行為は、同時に承諾でもある。（内田貴『民法Ⅰ総則・物権総論』（東京大学出版会、第4版、2008年）38頁）

　要は、この教科書によると、①「自動販売機が設置されている」時点が契約の「申込み」で、③「自動販売機にお金を入れる」時点が契約の「承諾」であり、③の時点で契約が成立することになりそうです。さて、みなさんは、この記述をどのように評価しますか。賛成？　反対？　それとも、こんなことを考えるのは馬鹿らしい？では、次のような新聞記事を読んだらどうでしょうか。

　　場外馬券売り場の自動券売機で馬券を買おうとしたら、券が出てこないうちにレースが始まり、購入していたはずの馬券は幻の「万馬券」に―。券売機の故障で配当金を受け取れなかったとして、大阪府内の会社役員の男性（58）が日本中央競馬会（JRA）を相手に、配当金分など約25万6千円の損害賠償を求めて大阪地裁で争って

いる。／訴状によると、男性は、昨年8月、大阪市中央区の「ウィンズ道頓堀」で、小倉競馬第8レースで1、2着を順番通りにあてる「馬単」の馬券を買うため、所定のマークシート式投票カードに「4-13」と記入。券売機に紙幣とカードを入れたが、なかなか発券されず、職員を呼んで機械を点検しているうちに出走時刻となった。レースは予想が的中、配当額は1万7150円。男性は千円分を購入しようとしており、17万1500円を手にできたはずだった。(朝日新聞2003年3月5日夕刊18面)

まさにここでは、自動販売機を使った契約締結の場面で、いつ契約が成立したかが争われています。男性側は、「現金とカードを入れた時点で購入契約は成立した」と主張する一方、JRA側は、「発券されるまでは契約は成立しない」と反論しました。

では、裁判所(大阪地方裁判所平成15年7月30日判決)の出した結論(判決)は、どうだったのでしょうか。簡単にいうと、次のようにまとめられます。

(a) 自動券売機の設置自体は、契約の申込みにあたらない。
(b) 現金・投票カードの投入が契約の申込みにあたる。
(c) 自動券売機が発行に向けて作動を開始し、その後は購入者において購入を撤回できなくなる時点が、承諾にあたる。

すなわち、飲料水の自動販売機の例に当てはめれば、③「自動販売機にお金を入れる」を申込みとみて、購入者が後戻りできない状態となる④「飲みたい飲料水のボタンを押す」を承諾とみる考え方を採用したといえましょう(ちなみに、①「自動販売機が設置されている」

は申込みではなく、申込みの前段階の「申込みの誘因」と評価しています)。

　さて、みなさんならば、どのように考えるでしょうか。今度ジュースを買う時に、「いつ契約が成立するか」、自動販売機の前で悩んでください。

■ 契約の内容（〔Q.2〕に対応して）

　次に、冒頭の〔Q.2〕について、「付き合うって、なんか面倒くさい（または、付き合ったら、面倒くさそうだなぁ)」と思っているみなさんに、契約の内容についてお話しします。

　契約を締結するにあたって、「どのような内容が約束されたのか」は、極めて重要です。なぜならば、一度締結された契約は、守られなければならないのが原則だからです（これを契約の拘束力といいます)。冒頭の〔Q.2〕において、付き合っている以上、相手との約束事を意識する、というのに方向性は似ています。なお、民法上は、自ら行うべき義務のことを「債務」といい、相手に行ってもらえる権利を「債権」といいます。

　では、次頁の契約書を見てください。これは、雇用契約書の１つの例です（雇用契約については、第8章)。雇用契約とは、労働力の提供と、報酬の支払いというのが対価関係にある契約です。もしみなさんが、アルバイトをした経験があれば、同様の契約書に署名・捺印をしたはずです。

　いずれにせよ、みなさんは、この契約書から何を読み解くことができるでしょうか。おおよそ、①誰が、どの会社で働くのか、②働く期間や勤務時間など、労働者がどのような条件で働くのか、③働いた対価として、労働者はいくらの給料をもらうことができるのか、といったところでしょうか。

嘱託・パート社員雇用契約書

フリガナ			性別	生年月日		
氏 名					年　月　日	
現住所						

雇用期間	年　月　日より 年　月　日まで	基本給	円
		手当	円
		手当	円
従事する業務の種類		手当	円
		通勤手当	円
就業時間	時　分より 時　分まで （うち休憩時間　分）	支給総額	円
		賃金締切日	日締切
		賃金支払日	日支払
休 日		支払時の控除	
契約更新の有無	イ 自動的に更新する ロ 更新する場合がありえる ハ 更新しない	契約の更新の判断基準	・業務処理能力はどうか ・業務の進捗状況はどうか ・業務成績、勤務態度はどうか ・会社の経営状況からの観点 ・その他（　　　）
備考			

上記以外の労働条件等については当社就業規則によります。
　年　月　日
　　　会　社
　　　　　　　　　　　　　　　　　　　　　印
　　　労働者
　　　　　　　　　　　　　　　　　　　　　印

　また、契約書中にある、「上記以外の労働条件等については当社就業規則によります」という一文にも注目してください。就業規則とは、労働者がその会社で働く際のルールブックのことを意味します（就業規則の内容は、会社ごとに異なりますが、モデルを厚生労働省のウェブサイトなどで見ることができます）。契約書に記載された内容に加え、契約当事者である会社と労働者が「就業規則」にも拘束されることが合意されているのです。

■ ワンクリック詐欺

なるほど、以上のことから、契約が締結されると、その内容に拘束されることがイメージできたと思います。

では、こんな事例はどうでしょう。「ワンクリック詐欺」について。これは、興味本位にウェブサイトにアクセスしたり、画像・動画を見ようとしてクリックしたりした際に、突然、「契約が締結されたので、会員費用として〇〇円必要」という内容のメッセージが表示されるというものです。みなさんも、そんな経験、ありませんか？

しかし、この場合は大抵、契約は締結されていません（したがって、お金を支払う必要もありません）。「電子消費者契約及び電子承諾通知に関する民法の特例に関する法律」や、「特定商取引に関する法律」などによって、利用者の意思に反して契約の申込をさせようとする行為は禁止されています。利用者が契約内容を確認・訂正できるステップが用意されていないと、その契約は無効となります。ですから、万一トラブルに巻き込まれたら、慌てて相手に連絡したり、不安になってお金を払ってしまったりするのではなく、まずは、落ち着いてご両親などに相談しましょう。

ただし、より大切なのは、トラブルに巻き込まれないことです。みなさんの多くは、スマートフォンやパソコンなどを持っていますね？　インターネットは、情報検索や他人とのコミュニケーション手段として、とても便利です。しかし同時に、アダルトサイト、出会い系サイト、ゲーム攻略サイトなど様々なものがあり、その中には、高校生にとって危険なものもたくさん含まれていることには注意が必要です。

■ **契約違反の効力**（〔**Q.3**〕に対応して）

いよいよ最後に、冒頭の〔Q.3〕に関連し、「私って、彼との約束をすぐ破るんだけど…」と臆することなく言う人に対し、契約違反の効力について説明しましょう。

先ほど述べた「契約に拘束力がある」とは、単に契約当事者を感情的・道徳的に拘束するというレベルではなく、国家（社会）がその契約の拘束力を法的に保障することを意味します。これが維持されないと、自分だけが得をしておいて約束を守らない者が出現してしまい、契約自体の社会的信用が損なわれてしまうからです。

では、契約が破られると、法的に、どのようになるのでしょうか。簡単に言うと、その約束を果たしてもらう人（債権者）は、約束を果たさなければならない人（債務者）に対して、①履行の強制、②契約の解除、③損害賠償を求めることができるようになります。

①履行の強制とは、裁判所の力を借りて、強制的に約束を果たしてもらうことです。そのやり方は、民事執行法という法律に書かれています。②契約の解除とは、①とは異なり、一度締結した契約関係から解放してもらい（相手方にも義務の履行を求めない代わりに、自分も義務の履行を果たさなくてよくなる）、契約関係を白紙にすることです。③損害賠償は、①または②とともに、もし相手方が義務を果たさなかったことで、自分に何らかの損害が生じた場合には、その賠償をしてもらえるというものです。

■ **自力救済は認められない**

ただし、気をつけなければならないのは、このような保障の実現は、あくまで紛争処理のためのルールに則って行わなければならず

(→第10章)、いくら権利を持っていても、自ら実力行使をすることは認められません。たとえば、次の新聞記事を見てください。

> 建材配送会社で配達員として働く東京都中野区の男性(50)は昨年11月末、家賃4万9千円を期限までに支払えなかった。すると、途端に1日10回以上、催促の電話が鳴り始めた。部屋の管理を委託された保証会社からだ。／「今日中に支払え」「カギを交換するぞ」。電話は深夜まで鳴り続けた。／最近まで追い出し行為を続けてきた大阪市の不動産会社の元社員は証言する。「保証会社と契約する多くの入居者は、家族や友人、知人に頼れない。勝手に鍵を交換したり家財道具を処分したりしても泣き寝入りするパターンがほとんど。追い出し行為は法律ができるまで続く」／家主からすれば、家賃滞納者を退去させるための明け渡し訴訟は手間も裁判費用もかかる。一刻も早く追い出して次の入居者を入れたいのが本音だという。(朝日新聞2011年1月6日朝刊39面)

これは、近頃、問題となっている、「追い出し屋」の記事です。最近では、敷金・礼金(この言葉が分からない場合は、ぜひ、調べてください)が安かったり、なかったりする賃貸アパートもあるのですが、その分、家賃を滞納すると、すぐに追い出されてしまいます。もちろん、法的手続に則って立退きを求めることは認められていますが、時間も費用もかかる裁判や強制執行などの手続を行いたくない貸主側が、実力行使によって、賃借人を追い出すという行為が行われているというのです。

しかし、これに関して裁判所は、そのような行為は、損害賠償の対象になるとしています。たとえば、東京地方裁判所平成24年3

月9日判決は、建物の管理会社が、賃料を不払いした賃借人の貸室内の家財を処分して退去を強制した行為について、家賃を滞納しているという負い目のある賃借人に、法的手段によることなく、着の身着のままで退去を迫ることは、社会的相当性に欠ける違法な行為であるとして、220万円余りの損害賠償を認めました（なお、この問題は、広くは、貧困層の居住環境をどのように確保するかという、いわゆる住宅福祉の問題と関係します）。

■ 最後に

さて、ここまで「契約」というものの存在について、法的な観点から説明してきましたが、最後に、この章の出発点であった「付き合う」という話に戻りましょう。

そもそも付き合うというのも、一種の約束ですから、約束の一種である「契約」に関する法の感覚を養うために、付き合うという状態を想定するのは、ある程度有益であるように思います。実際に、恋愛は、かなりの程度、自由競争です（私が知る限り、相当にシビアな市場です）。また、付き合うようになれば、お互いを束縛する特別な関係が生まれます（私が知る限り、相当な束縛度を持ったカップルも少なくありません）。さらに、約束を破れば争いとなります（私が知る限り、時として修羅場になります）。

ただし、注意しなければならないのは、付き合うという約束は、契約に類似した状況が作り出されるものの、契約そのものではないということです。契約とは、ズバリ、法的に保護される約束です。私たちが他人と交わしている全ての約束が契約として扱われ、法的に保護されるわけではありません。たとえば、クラスメートとのノートの貸し借りの約束、お父さんが家族の前で誓った禁煙の約

束、部活の後輩とした朝練の約束など、人として守られるべきものではありますが、法的保護を受けるかどうかというと、疑わしいでしょう。おそらく、約束が破られてトラブルが生じても、「当事者で処理をしてくれ！」という世界であり、裁判所も取り合ってくれないはずです。だから、間違っても、デートの待ち合わせ時間に遅れてきた相手に向かって、「損害賠償だ！」などと叫ばないでくださいね。私としても、責任が持てません。

【ブックガイド】

- 広中俊雄『契約法の研究』（有斐閣、1958年）。特に「契約および契約法の基礎理論」の部分。
- 万馬券訴訟について、もう少し詳しく知りたければ、大村敦志『もうひとつの基本民法Ⅱ』（有斐閣、2007年）。特に、「UNIT 5 契約の成立」の部分参照。
- 民法に関する高校生向け入門書として、大村敦志『市民社会と「私」と法―高校生のための民法入門』（商事法務、2008年）。

【研究課題】

みなさんが今までに締結した（または、これから締結する）契約（たとえば、携帯電話の購入、預金口座の開設、旅行の申込みなど）の契約書の内容を見てみましょう。そして、その中で、自分に特に不利であると思われる条項（契約内容）を1つ見つけ、以下の項目を参考に800字程度で論じてみましょう。

❶企業（契約の相手方）は、なぜ、そのような条項を契約の中に盛り込んだのか（企業側のメリット）

❷なぜ、あなたはその条項を不利だと思うのか（消費者側のデメ

リット）

❸すでにその条項の有効性を、裁判で争っている事例がないか（要調査）

筆者のひとりごと

「付き合う」という状態は、直接的に法的問題にはならなくても、これが、「結婚をする」という状態になれば、話は別です（ちなみに、民法上、女性であれば16歳、男性であれば18歳になれば、結婚できます）。結婚することを、法律上では「婚姻」といいますが、婚姻は、まさに契約であり、市場でもあります。結婚には、夢があります。しかし、拘束力も強い。民法によれば、結婚すると、夫婦で同じ氏を名乗らなければならない（ただし、現在、夫婦別姓が議論になっています）ほか、同居する義務や、お互い助け合って協力する法的な義務が発生します。もちろん、不倫もいけません。また、日常生活で生じた債務については、夫婦が連帯責任を負うものとされています。

「結婚は鳥カゴのようなものだ。カゴの外の鳥は餌箱をついばみたくて中へ入りたがり、カゴの中の鳥は空を飛びたくて外へ出たがる」という、ミシェル・ド・モンテーニュ（1533〜1592年）の言葉があります。もしかしたら、付き合う時の拘束力なんて、かわいいものかもしれません（笑）。

第3章

他人の悪口をいうことは自由なの?

表現の自由

■ **モバイル革命**

　今から30年前の社会では、直接会って話すことや手紙がコミュニケーションの手段でした。一家に一台電話が普及したのもそれほど昔のことではありません。しかし、今、簡単に、そして全世界に対してまたたく間に自分の思いを伝えることができる道具が皆さんの手の中に収められています。LINEのようなSNS（Social Network Service）を通じて、まるで会話をするように、誰とでも話ができる社会こそ、今みなさんが暮らしている社会です。いつでも、どこでも、誰とでも瞬時に話ができ、全世界に情報を発信し、全世界から情報を手に入れることができる道具を手に入れたことは、人類の歴史の上で、ベスト3に入るくらいの革命だといっても大げさではないでしょう。

■ **人と人のつながりと通信・表現機器**

　電話を持ち歩くことができるだけでも革命でした。携帯やスマートフォンを持ち歩き、全世界とつながることが可能となるなんて、一世代前の人間には理解不能であったでしょう。みなさんは、もはやモバイル通信機器なしに生活することなどできないのではないでしょうか。憲法の講義で、「健康で文化的な最低限度の生活」（憲法25条1項）といえるためには何が必要か聞いたことがありました。学生の答えは、テレビは不要、スマホは必須というものでした。手のひらに収まるか収まらないかという大きさのツールが、他のどんなものよりも欠かすことのできない生活必需品となっているのです。

　この通信手段が人と人のつながりや社会とのつながり方を大きく変えてしまいました。面と向かって話すと、顔色をうかがったり、声色でその人の気分を推し量ることができます。しかし、SNSのよ

うなコミュニケーション空間だと、自分のいいたいことを伝える心理的なハードルが低いので、何でもいえてしまう便利さがあります。私の大学院の時代では、授業を休むことを伝えるだけでも相当な苦労を必要としました。電話のタイミング、言い訳の仕方、声のトーンなど周到に準備しないと偉い先生と話すのは難しかったのです。でも、今は、LINEで「先生休みます(^_^;)」ですべて終了です。いやはや良い世の中になったものです(^o^)。

■ SNS時代のリスク

しかし、これはある種の落とし穴で、誰に対してもいいたいことをいえること、あるいは、伝えたいことを伝えられることは、不必要に誰かを傷つけたり、誰かの名誉やプライバシーを侵してしまう危険性をあわせもっています。ましてや匿名で表現できるとするならば、表現者としての責任はどこかに飛んでいき、表現がどんどん過激になる、いわゆる「炎上」という状態が生まれやすくなっているのです。ネット上で特定の誰かを攻撃したり、プライバシーを暴き立てることが問題となっていますね。みなさんは、「炎上」に荷担したことはありませんか？　その結果、他人が立ち直れないくらいに傷つけられてしまうことだってあるのだと想像したことはあるでしょうか。

もちろん、他人を傷つけると、名誉毀損が成立して、罪に問われたり、損害賠償を求められることがあるので、ある程度のリスクを覚悟しないといけません。しかし、匿名で発信された情報については、発言者を特定したり、責任を追求することじたいが相当なコストを必要とします。理由がはっきりしていれば削除要求に応じてくれるサイトもありますが、拡散した情報はとどまることを知らずに

全世界に広がり、二度とネット上から消えることがありません。

■ **忘れ去られる権利**

こういう状況の下、「忘れ去られる権利」があってもいいのではないか、という意見も登場します。検索エンジン特定の情報を消し去ることで、全世界からのアクセスを防ぐのです。自由にものをいえる権利があるなら、勝手にいわれない権利があってもいいはずです。表現に対して表現で対抗すると「炎上」するなら、火の元を消し去る方が賢いという選択です。

ただ、このような対抗手段にも限界があります。個人に対する攻撃の種は尽きないからです。ならば、国家がこのような悪質な攻撃から個人を守るためにネットを規制するとなればどんなことが起きるでしょうか。「個人情報保護」とか「人権擁護」を目的にして、個人攻撃の表現の削除を命じたり、規制をかけるのです。このような措置は、必要でしょうか。あるいは正しいのでしょうか。

■ **表現の自由とはどんな自由か？**

日本国憲法21条には、表現の自由が定められています。

〔1項〕集会、結社及び言論、出版その他一切の表現の自由は、これを保障する。
〔2項〕検閲は、これをしてはならない。通信の秘密は、これを犯してはならない。

いかがですか。明快な条文でしょう。自由な国家には、例外なく表現の自由を保障した条文が置かれています。しかし、それでも表

現の自由を手に入れるための戦いが今もなお続けられているのです。

　では、なぜ表現の自由が定められているのでしょうか。ちなみに、自由とは、国家に対して、してはならないことを義務づけていると考えて下さい。憲法21条によって、日本国や地方公共団体は、表現の自由を侵してはならないという義務を負います。

　この問題を考える上では、「もし好きなことをいえなくなったらどうなるのか」を想像してもらうと分かりやすいかもしれませんね。

　もし、明日から、国家が表現を規制し始めたらどうなるのでしょうか。想像しやすくしてもらうために、次のような状況を考えてみて下さい。

〔エピソード1〕
今日は水曜日。『少年J』の発売日。でも、手にした雑誌は、前回より3分1ほどの分量になっている。よく読んでみると、「今回から政府の許可を受けたものだけを掲載することになりました。今回許可をもらえなかった話については、修正して、許可を得た上で次号以降に掲載します…編集者」というコメントが。

〔エピソード2〕
5時限目は、お昼ご飯を食べたばかりで眠い。おまけに世界史と来ている。では、眠気対策と退屈しのぎのため、こっそりスマートフォンをのぞいてみよう。ん？　いつも見ているサイトが見られない。家に帰って、テレビのニュースを見ていたら、突然砂嵐の画面が…。政治家の不祥事のニュースだったのに。

〔エピソード3〕
友達が、学校に来なくなった。うわさでは、SNSで首相の悪口を書いたところ、起訴されて、裁判にかけられるらしい…。そんな目に遭うなら、もう黙っていよう。

　もしこのようなことが日常的に起きるとしたらどうでしょうか。みなさんは、そんなばかげた話があるかと思っているでしょう。しかし、この状況は、みなさんが住んでいる場所からそう遠くない隣国の状況なのです。そして、みなさんが生きている今日からそう遠くない昔の日本の話なのです（もちろん、スマホもテレビもありませんでしたが）。
　好きなことをいえないということは、好きな情報を手に入れることができないということも意味しています。人々がいおうとしていることを政府が前もって調べて、許可を与えたものだけを公にさせること。これを「検閲」と呼んでいます。エピソード1、2の状況です。検閲が許されるなら、私たちは、本当に知りたいこと、知らなければならないこと、そして真実を知ることができなくなります。政府は自分に都合の悪いことを公にしたがりません。どれほど戦に負け続けていても、今日も勝ったと嘘の情報を流し続けるのです。その結果、私たち国民は、政府も批判できない、他人の悪口すらいえない恐ろしい国家から逃れられなくなります。
　こんなことにならないよう、憲法21条2項は検閲を禁止しました。検閲は、絶対禁止されます。検閲が許されるなら、独裁国家はもうすぐそこに待ち受けています。ここで覚えておいてほしいのは、国家は必ず表現を規制したがるということです。私たちが気を抜くと、国家は間違いなく情報統制のためあらゆる手を尽くします。それが国家というものなのです。

検閲は、国家が前もって表現していいこといけないことを審査して、許可を与えたものだけを公にさせることを意味していました。では、表現の後に処罰することは許されるのでしょうか。エピソード3の状況です。

　もし、政府を批判したり、政治家の悪口をいったことを理由にして処罰されたなら、誰も同じことをしようとは思わなくなりますね。そんなリスクを冒してまで、政府を批判する気にはならないのが人情です。いったことの中身が気にくわないから処罰する。このようなことを表現内容規制といいます。これは検閲と同じくらいの危険性をもっています。むしろ見せしめ的効果は検閲よりも上かもしれません。このような処罰を許してはいけませんね。したがって、こんな処罰規定が作られたなら、裁判所は「憲法が許さない」という姿勢で臨まなければなりません。

　また、みなさんがSNSや通話でやり取りしている内容が国家によって盗聴されていたらどうでしょうか。うっかり誰かの悪口もいえなくなりますね。だから通信の秘密が守られなければいけないのです。もちろん、テロリストの会話やメールのやり取りを捜査当局が盗聴して、未然にテロの被害を防ぐ必要があることもたしかでしょう。しかし、そのような極限状態は別として、普段の会話やメールのやり取りが誰かに盗み聞かれ、のぞき見られていると知ったら、世の中は暗鬱たるものになるでしょう。

■ 何のために表現の自由が保障されているのか

　以上の話から分かっていただけましたでしょうか。表現の自由は、自由な社会の生命線です。表現の自由は坑道のカナリヤと同じで、自由への抑圧を計るリトマス試験紙のようなものです。表現を

規制している国家に自由な国家を名乗る資格はありません。表現が規制され始めたなら、恐ろしい状況が始まりつつあると考えてもらって差し支えありません。

政府を批判し、政策を検証する。ときには汚い口調になっても政治家たちを非難する自由がなければ、民主主義は窒息死してしまいます。近代以降、多くの人々がこの自由を勝ち取るため、あるいは取り戻すために血を流してきました。表現の自由を守らせること、それは自由な国家であるために必要不可欠な防衛ラインなのです。

それだけではありません。もし、好きな服を着て、好きな髪型をし、好きな歌を聴き、歌う自由が禁止されたなら、どんなに世界はつまらないか。社会の中に生きている私たちは、特定の誰かや不特定の誰かに認めてもらいたいという欲求を抱きながら生きています。他者から承認されること、自分が自分であることを認めてもらうこと、そう自己実現のためにも表現の自由は必要です。

また、「それでも地球は回っている」とガリレオ・ガリレイ（1564～1642年）が語ったように、何が真実で何が嘘なのかを見分けるためにも自由な討論を欠かすことはできません。

このように、世界が自由であり、自分が自分であることができ、真実が世界を覆うようにできるために表現の自由は必要なのです。

■ **他人の権利・利益を守るため、表現の自由を規制してもよいのか？**

他人の名誉を傷つけること、つまりその人が社会において持っている評価を下げる発言をすることは、どう考えてももまずいでしょう。人は他人から正当に評価されたいという動機をもち続けて生きているからです。だから、法は太古の昔から名誉を保護する制度を設けてきました。でも、政治家とか大企業の幹部とか、社会的な影

響力が強い人の名誉を傷つけることはどうでしょうか。この人達は、権力をもつ側にいます。政治を動かしたり、経済を動かす立場にある人たちです。そのため、一般市民の名誉とは違う扱いを受けることになります。このような人たちの名誉を傷つけても、それが広く市民のために情報を提供するような場合であるとか、真実を暴こうとしているような場合には処罰することがかえってみんなの利益にはなりません。

　たとえば、現職の大臣がその立場を利用して、特定の業者の利益をはかり、見返りとして金銭を受け取ったとの噂があるとします。この噂を報道した新聞社や雑誌社は、報道の内容が真実であると証明できなければ処罰されるとするなら、相当のリスクを覚悟しない限りその噂を公にしようとはしません。これでは、市民の知る権利が保障されなくなります。以上のことから、単に他人の名誉を傷つけたというだけでは処罰されてはいけないことが分かります。そこでは、保護しなければいけない名誉と保護しなければいけないみんなの利益を天秤にかける必要があるのです。

　このことは、性にかかわる表現行為についてもあてはまります。性に関する関心は、人間の根源的な要求です。しかし、性表現がいついかなる場合でも保障されてきたわけではありません。見たくない者の利益は保障しなければいけませんし、社会の善良な風俗という点からも規制されることも広く認められてきました。わいせつ表現の問題です。

　ただ、わいせつとは、時代や社会の状況、とくに通信手段の発展によっても変わります。50年前わいせつだといわれたものが、今ちっともわいせつっぽくないものなど数えきれません。今から60年近く前に「わいせつ」だと判断された小説が、今「わいせつ」だ

と判断された箇所をすべて掲載して出版されても、「わいせつ」だと誰もいいません(「チャタレー夫人の恋人」事件)。したがって、法律で規制してもよいと書かれていても、規制できるかどうかは、その時代や社会の状況(これを社会通念と呼んだりします)に照らし合わせて考えなければいけないのです。

　表現を規制するということは、よほど慎重に考えなければいけないことがおわかり頂けましたでしょうか。

　このようなことを頭に置きながら、特定の人種や宗教を誹謗中傷する表現、「ヘイトスピーチ」規制の問題を考えましょう。

■ ヘイトスピーチは規制できるのだろうか？

　特定の人種や宗教、出自などを理由に差別を煽る表現を行うことをヘイトスピーチと呼んでいます。汚い言葉で在日外国人の人たちを罵ったり、大音量のスピーカーを用いて、これらの人たちを傷つける街宣活動を行うことをイメージして下さい。では、ヘイトスピーチは法律で規制してよいのでしょうか。

　先ほど述べたように、他人の名誉を傷つけることは処罰の対象になりますし、損害賠償請求を求められることにもなります。したがって、ヘイトスピーチが個人に向けられたときには、刑事罰や損害賠償を求めることができます。しかし、その内容が特定の個人ではなく、個人が所属する団体(人種、宗教など)に向けられたときには、ただちに対応する制度は、今の日本にはありません。威力業務妨害罪という罪がありますが、それは団体の名誉を守るための刑罰法規ではなく、業務が邪魔されないことを守るための規定です。人種や宗教などを理由とした差別的表現を規制するためには、特別な法制度が必要です。

ナチズムを経験したヨーロッパでは、ユダヤ人差別のきっかけとなったのがヘイトスピーチであったことなどを重く見て、ヘイトスピーチ規制を早くから制定してきました。アジアの多くの国でもヘイトスピーチ規制が置かれるようになっています。しかし、日本は、ヘイトスピーチ規制には及び腰でした。そこにはどのような問題があるのでしょうか（日本でも、2016年5月、ヘイトスピーチに対応する法律が成立しました）。

　まず、はっきりと言っておかなければならないことは、個人であれ、集団であれ、誰かを誹謗中傷するような権利は認められないということです。憲法は、自由の限界を「公共の福祉」という言葉で表現していますが、表現の自由にも当然限界はあります。他人を傷つけたり、おとしめたりするような表現は自由を主張してはいけない。

　でも、そのような表現を国家が規制しようとすると、難しい問題が待ち構えています。ヘイトスピーチってどんな表現でしょうか。人種や宗教を理由に特定の団体に属している人々を誹謗中傷して、差別をあおるような表現をヘイトスピーチと呼ぶことにしても、何が誹謗中傷か、差別をあおるかどうかは、はっきりしないことの方が多いのです。定義もはっきりしないのに、国家が表現を処罰するとどうなるのでしょうか。国家が自分に都合の悪い表現をヘイトスピーチだと認定して、表現者をどんどん処罰することにならないとは断言できません。そうです、あらゆる表現規制は、国家が反対者を抑圧するために使われることを忘れてはいけません。

　また、ヘイトスピーチ規制で本当に差別を防止できるのでしょうか。おおっぴらに発言できなければ、人は陰湿な差別に向かう危険性があります。見えないところで、執拗な嫌がらせをすることにな

るかもしれない。学校でのいじめや職場のパワハラと同じことが起きてしまいます。

　ですから、私は、ヘイトスピーチ規制には反対です。失うコストが高すぎるからです。ではどうしたらいいのでしょうか。きれい事かもしれませんが、ヘイトスピーチには、堂々と言論で対抗するしかありません。対抗言論（カウンタースピーチ）です。炎上をおそれない。言論には言論を。遠回りかもしれませんし、多くの労力を必要としますが、安易に国家の規制を求めてはいけないのです。もちろん、学校や病院のように、静けさが必要な場所の周囲でのスピーカー使用は規制できるでしょう。あまりに大きな騒音で授業が妨害されたり、患者の体調に影響を与えるような表現活動は論外です。それには、業務妨害罪を適用しても差し支えないでしょう（内容中立的な規制）。要するに、ある表現をヘイトスピーチと認定して、その表現活動を完全に封じ込めるような規制は、やり過ぎを通り越して、危険なのです。

■ 表現を規制するときに注意しなければならないこと

　世の中にはいろいろな表現行為があります。その内容は、政府を批判したり、政策を提言したり、自分の考えを述べるものからエンターテインメントやコマーシャル、性的な表現まで様々です。これらの表現には価値の違いがあるともいわれますが、そうでしょうか。

　本人からすると、とても価値がある、あるいは意味があると思って表現行為をしているのですから、他人が価値を云々することはできません。ただ、先に述べたように、表現に対する規制が少数意見や反対意見を弾圧する手段として使われてきた経験があるので、政府を批判するような表現への規制は憲法上許されないと考えなけれ

ばいけません。政府を批判するような政治的表現を規制してはいけないことを「表現の自由の優越的地位」と呼びます。このような表現規制は、違憲です。違憲の規制は効力がありません。裁判所は、そのような規制に対して厳しい目で見ることになります。

　もちろん、表現活動がまったく規制できないわけではなく、先に見たわいせつや名誉毀損、プライバシー侵害の表現行為を制約することはできます。しかし、その場合でも、どうしても制約をしなければ取り返しのつかない損害が生じるというような必要性が必要だといわれています、これは、アメリカ合衆国の最高裁判所で長く裁判官を務めたホームズ判事（Oliver Wendell Holmes Jr.）がある判決の中で明らかにした考え方です。日本の最高裁判決の中にもこの考え方を採用した例もあります。

　表現の自由は、民主主義社会の生命線です。このラインが破られたとき、独裁政治が待ち構えているはずです。政治家があの放送局は活動できなくしてしまえとか、影響力のある作家が新聞社をつぶ

コラム（表現規制と裁判所）

　表現規制は民主主義にとって致命的な影響を与えます。したがって、表現を規制する法律は憲法上許されないのだという姿勢で臨む必要があります。日本の場合、法律が憲法に違反していないかどうか（違憲かどうか）を審査するのは裁判所であり、もし裁判所が憲法上許されない法律だと判断したなら、その法律は効力を否定されます。そして、その判断にあたって裁判所は、表現を規制することは原則として許されないのだという姿勢で臨むことが求められているのは、本文で述べたとおりです。このような姿勢を厳格な審査と呼びます。裁判所は、国会などの作った法令を厳しい目でチェックすることが必要です。

　このことは憲法学者の多くが認めているところですが、日本の裁判所は完全に採用しているとはいえず、表現を保護する姿勢としては不十分だといわれています。

してしまえと口走り始めたなら、その先に待ち構えている悲惨な社会を想像しなければなりません。

最後に、ホームズ判事が述べた言葉で締めくくりましょう。

「自由とは、自分と考え方を同じくする者の自由ではなく、私たちが憎む考え方に対する自由である」。

誰も力で反対者をねじ伏せることなどできないのです。

【ブックガイド】

- 鵜飼信成『憲法と裁判官―自由の証人たち』(JLF新書、2016年)
- 瀧井一博『明治国家をつくった人びと』(講談社現代新書、2013年)
- 山田隆司『最高裁の違憲判決』(光文社新書、2012年)

【研究課題】

小中高等学校で使われている教科書は、文部科学省の「検定」を受けなければなりません。各出版社から教科書として出版したいと申出を受けた書籍を文科省の専門官がチェックするのです。みなさんが使っている教科書の表紙に「文部科学省検定済み」のスタンプが押してあるのを確認してください。その内容は、正しいことが書かれてあるかどうか(その時々の学問のレベルからして正しいとされている内容が書かれてあるかどうか)を超えて、国が書いてほしいことが書かれてあるか、あるいは書いてほしくないことを書いているかどうかまで及びます。では、これは先に見た「検閲」ではないのでしょうか。ないとしたらそれはなぜなのでしょう。また、このような「検定」は必要な

のでしょうか。

著者のひとりごと

　憲法は、入りやすくて大成しがたい学問だといわれています。多くの人は憲法に何が書いてあるのかは、中学校や高等学校で勉強していますから、分かった気になります。おまけに、政治に関するニュースには、毎日飽きるほど接していますから、感覚的に分かっているような気持ちになるものです。でも、たとえば、なんで日本には衆議院と参議院があるのかとか、議院内閣制って大統領制と何が違うのかなど考えてみると、なかなか説明が難しい。ましてや、最高裁判所が下した判決の意味なんて、一般の市民には理解できないことが多いと思います。

　私も、長く憲法を勉強していて、分かったような気にはなるのですが、学生から素朴な質問を受けると、はたと考え込んでしまうことがあります。民法や刑法なら、条文の数もたくさんあって、条文を使いこなすことで「分かった」という気にはなれるのですが、憲法となると条文の数も限られ、しかもどの条文も抽象的と来ていますから、「なんとなく」分かったところで満足するしかないのかもしれません。

　だからこそ「なんとなくまずいのではないか」とか、「なんとなくおかしい気がする」とか、「なんとなく危ない」という感覚は、憲法を勉強するときとても大切です。政府の説明を聞いて腑に落ちないなら、どこかに欺瞞があると考えてもいいでしょう。そのような市民感覚こそ、憲法を勉強するとき欠かすことができないのです。

第 **4** 章

おまえのものはおれのもの、おれのものもおれのもの

所有権の本質

■ **あなたのちかくにもジャイアン？**

　高校生のみなさんも含め、人は誰でも財産に囲まれて生活しています。住居、家財道具、電子機器、食料、筆記用具、書籍、衣服、これらなしの生活など考えられません。小学生などの子どもにとってはおもちゃ、マンガもこれら以上に大事でしょう。

©藤子プロ・小学館
てんとう虫コミックス「ドラえもん」33巻より

　そうすると、財産が「自分のもの」であることがしっかり守らなければ、大変困ったことになります。

　クールジャパンなどといってアニメマンガにおいて世界を席巻する日本において、ジャイアン（剛田武）という、今なお圧倒的な存在感を保ち続けるキャラクターがいます。彼のセリフが名言の宝庫であることはあまりにも有名ですが、その中でも次の言葉は知らない人はいないでしょう。

　「おまえのものはおれのもの、おれのものもおれのもの」

彼は、どうやら、持ち主の意思に反して強引に取りあげた財産でも、いったん実際の支配を始めれば、その財産は自分のものとなると考えています。彼は、この論理（？）で、気弱な友人である、のび太（野比のび太）から強引に取りあげたおもちゃを自分のものとしてしまうのでした。

　ジャイアンの論理がまかり通れば、人は安心して暮らせませんし、企業活動もすぐに不可能になります。強奪するなどというのはさすがにそうしょっちゅう起こることではないでしょうけれど、

ジャイアンの論理をつきつめれば、さしあたり持ち主が使っていないことや持ち主がなくしたことを悪用して使い始めた人がいたら、その人の物になるとか、持ち主から借りた物だったが、長く借りっぱなしになっていて、いつの間にか借り主が持ち主面(ヅラ)を始めるとかいうこと(貸した物について遠慮して返してと言わないでいたら、ずっと返さないで自分のものみたいにしてしまう人、いますよね。たぶん、みなさんの周りにも…)も認められてしまいます。

■ 持ち主であるということ

　ここで2つのことを考えないといけません。1つは、財産の持ち主であるということは、どういうことか。もう1つは、持ち主はどうやって決まるのか、ということ。

　さあ、ここで民法の出番!　財産の持ち主であるというのは、ちゃんとした法律の表現を使うと、その人が、その物について「所有権」を有しているということ。当該物について所有権を持つ人を、「所有者」といいます。そして、所有権とはどういう権利であるかというと、「当該物を全面的・排他的に支配することができる権利」です。難しいですが(法律の勉強はこういう難しい言い方に慣れるところから始まります)、つまり、物をどう使い、どう活用し、いつ手放すか(売りとばすとかあげてしまうとか)は、所有者だけが独占的に決められるのであり、他人に干渉されない、ということです。おもちゃの所有者がのび太であれば、それを使うかどうか、他人にあげるかどうか、貸すかどうかは、のび太だけが自由に決められるのであり、いくら親しい友人であろうが、いくら事実上横暴を通すことができる立場にあろうが、のび太の意思に反してのび太の所有物を奪うことはできません。

では、所有者はどうやって決まるのでしょう。そのこと自体の答えは単純です。所有者とは所有権を取得した者です。やや専門的になるのは、「所有権の取得はどうやって生じるのか」という点。大事な所有権の取得原因は、「契約」と「相続」です（ほかにもあるので、大学で勉強してみよう）。のび太は、おこづかいを貯めておもちゃを買ったかもしれません。その場合は、売買契約によって売主から所有権を得ます。親からもらったのなら、贈与契約。逆にいえば、所有者は、自分で契約をするなど、所有権を失う法的な理由がないかぎり、所有権を奪われません。ここを押さえたい。

　さて、所有権をめぐる民法のルールが分かったところで、ジャイアンの論理を検証しましょう。当該財産（おもちゃ）はのび太のものでした。のび太とジャイアンは、売買契約も贈与契約も結んでいません。まして、2人の間に相続など起きえません。したがって、強引に奪われても、当該財産は、依然としてのび太の所有物です。ジャイアンの論理は否定されなければなりません。

■ 楚辺通信所の話

　のび太・ジャイアンの話はフィクションだから、私たちは気楽におもしろがることができるのです。今までみてきたような、所有権の中身とその所在を決めるちゃんとしたルールがなければ、乱暴者、権力者、狡猾な者などに財産を奪われてしまいます。それを厳しく禁じるために、民法があるのです。自分の物であることを守るための所有権。この所有権は、最大の権力者にして、法的に正統な権力の唯一の担い手である、国に対してすら主張できます。実際にあった例を見てみましょう。

　かつて、沖縄県読谷村に、楚辺通信所という米軍基地がありまし

た。その敷地のうち国有地はほんの一部で、基地として利用するため、多くの土地所有者と国との間で賃貸借契約が結ばれていました。1996年3月31日に、その土地の一部の賃貸借契約が期間満了を迎えることとなりました。賃貸借契約が更新されないと土地が提供できないため、国としては、当然更新を望んだのですが、土地所有者の1人（以下Aさん）が更新に応じませんでした。困った那覇防衛施設局は駐留軍用地特別措置法に基づく強制使用の手続をはじめましたが、種々の事情から上記の期限に間に合いませんでした。この賃貸借契約の期間満了の時点を境に、国の当該土地の使用が、土地を利用する権利がないのに使い続けているという意味で「不法占拠」になるという事態が生じました。契約更新を拒んだAさんは、同年4月1日、国を相手取り、自らの所有地への「立ち入り・使用妨害禁止」と「工作物収去・土地明渡」を求めて、那覇地裁に仮処分申請（早く暫定的な裁判をしてもらえる訴訟の手続）をしました。不法占拠にあたるからじゃあ、基地壊します、というわけにもいかない国は、国の土地利用の継続は「直ちに違法とは言えない」という苦しい論法で基地への立入りを拒みました（朝日新聞（西部）1996年4月1日朝刊1面、毎日新聞（西部）1996年4月1日夕刊1面）。同月26日、仮処分手続において、Aさんと国は、2回にわたってAさん側が基地内の土地に立ち入る機会を設けることで和解（合意によって裁判紛争を終わらせること）をしました（朝日新聞（西部）1996年4月27日朝刊26面）。

楚辺通信所　撮影1986年　伊奈英次

Aさんは、元の所有者であった自分の父から当該土地を贈与されたそうです。Aさんは、この贈与契約に基づき、土地について唯一の正当な所有者となりました。基地を米軍に提供する国は、賃貸借契約を結ぶことで、当該土地を使うことができました。その賃貸借契約の期間が満了すれば、土地を使う権利もなくなります。そうすると、Aさんも、ちゃんとした権利もなく土地を占拠し続ける国に対して、所有権に基づいて土地の明渡を請求できなければなりません。Aさんの仮処分申請は和解で終了しましたが、そうでなければ「裁判所が立ち入りを認めるのがほぼ確実とみられた」といいます。

　基地の存在自体についてはいろいろな意見があるでしょう。それはそうなのですが、ともかくも必要なものとして基地が建設され、米軍に提供されているのです。いくら所有権があるからといって、敷地の土地所有者が基地内へ自由に立ち入ることができ、基地の撤去まで求められるとしたら、基地の機能に重大な支障をきたします。そこで、国の方は、Aさんの訴訟は「軍用地内の私有地返還要求は権利の乱用にあたる」とする主張も考えていたといいます（朝日新聞（西部）1996年4月1日朝刊1面）。Aさんの所有権自体は否定しようがないが、所有権に基づいて土地の明渡を求めるのは、基地の機能を損ない、防衛などの国の政策に深刻な困難をもたらすので許されない、ということなのでしょう。そのような考え方もあるかもしれません。しかし、その論理をそのまま認めてしまったら、土地の利用権限がなくとも、政策に必要であると称して人の土地の上に重要な施設を作ってしまえば、その土地を取り返す請求を権利濫用として封じてしまえることになります。一言でいえば、既成事実を作ってしまえば、本来しっかり保障されるべき所有権の保護を骨抜きにできてしまうということ。はたして、既成事実を作って取り返

しを困難にしてしまうことと、強引に人の物を奪ってしまうことに、大きい違いがあるでしょうか。

この案件で、裁判所は、権利濫用という最終手段で所有権の保護を骨抜きにすることなく、「国と地主双方の意見を聞いて和解に導いた」といいます（朝日新聞（西部）1996年4月27日朝刊26面）。和解では、2回に分けて30人ずつが基地内の所有地に立ち入ることが合意されました。同年5月14日、Aさんは、関係者とともに所有地に入りました。郷土楽器の三線(さんしん)を演奏し、沖縄戦で亡くなった親族を供養したとのことです（朝日新聞（西部）1996年5月14日夕刊1面）。私は、テレビで見たこのときの報道映像を今でもよく覚えています。所有権の主張が、国に対して、既成事実もはねのけて、断固貫徹したシーンとして…。

■ 所有権があるとできること

物の持ち主は、所有権に基づいて、物についてどのように使い、活用し、または手放すかどうかを、他人に干渉されず自分だけで自由に決められ、また、自分の意思に反して所有権を失うことはありません（ただ、例外はあります。これも大学での勉強にとっておきましょう）。

ということは、ジャイアンに強引におもちゃを奪われたのび太のように、自分の意思に反して物の所持を奪われた所有者は、なんらかの保護が与えられるはずです。たとえば、のび太は、当然、ジャイアンからおもちゃを取り返すことができます。この権利を、所有権に基づく返還請求権といいます（もっと専門的な言葉で、物権的返還請求権または物権的請求権ともいいます）。これは、所有権から派生する権利です。楚辺通信所の紛争において、土地所有者が立入りを求めた根拠も、所有権に基づく返還請求権です。土地所有者が、自分の

土地に勝手に他人に建物を建てられたときなどは、土地自体の返還を求めることができるだけでなく、その建物を壊す（収去といいます）ことまで請求することもできます。そうでなければ、所有者が所有物の使用方法を独占的に決めることができなくなってしまいますから。

　また、この返還請求権は、直接物を奪った人以外の人にも主張できます。たとえば、ジャイアンが溺愛する妹、ジャイ子にのび太から奪ったおもちゃを貸してあげて、ジャイ子が今おもちゃを持っているとしましょう（法的には2人の間で使用貸借契約というものがあることになります）。このとき、のび太は、やさしいお兄ちゃんからおもちゃを借りて喜んでいるジャイ子にも、所有権に基づく返還請求ができます。くどいようですが、所有権は、所有者だけが、どのように物を使うか、手放してしまうかなどを決められることを保障しているのです。このためには、所有権は、誰に対しても主張できなければなりません。これも大事な原則です（例外もあります）。

　返還請求は、物自体が現存していなければできません。のび太が民法を盾におもちゃについて返還請求をしてきたところ、法律の前にはかなわないと思ったジャイアンが、やけになっておもちゃを壊して返還請求を不可能にしてしまったらどうなるでしょう。このときにのび太になんの保護も与えられないとしたら、所有権が十分に保護されなくなってしまいます。返還しなければならない人がやけになって物を壊したら無力になってしまう所有権など、権利の名に値しません。このような場合は、物の価値分の賠償金の請求をすることができます。専門的になりますが、このような請求権を不法行為損害賠償請求といいます（→ 第9章）。物自体の返還ができないのなら、賠償金というお金で責任をとらせるというわけです。多くの

場合は、物の市場価値分の賠償金が払わせられます。

■ 証明できないとダメ

細かいところにも若干分け入りましたが、ここで言いたいことは1つ。所有権は、侵害を受けたとき、法的な保護を受けるということ。その保護のありかたとして、物自体を返還させるというやり方（所有権に基づく返還請求）と賠償金で責任をとらせるやり方（不法行為損害賠償請求）とがあります。「当該物の排他的帰属を保障する権利」である所有権が十分に保護されるためには、こういう道具立てがどうしても必要なのです。

と、所有権の法的な保護のされ方を見てきましたが、このような保護が生じるためには、前提があります。それは、所有権が実際に所有者に帰属しているということです。のび太・ジャイアンのケー

■ コラム（原則と例外）

私が法学部に入って間もない頃、憲法の教授が、「法律学で原則という言葉がでてきたら、例外があるということも合わせて意味している。」という趣旨のことをおっしゃいました。妙に耳に残ったので、それ以降、勉強の際に注意していましたが、法律学に取り組んで数十年、教授の言葉が正しいことを学ぶ歴史だったと言って過言ではありません。知っておくとよいことですが、法律の世界で「原則」という言葉がでてきたら、十中八九「例外もあるよ」、ということが含意されています。

実は、「所有者は所持を失った物が取引された後でも返還請求ができる」ということにも、大事な例外があります。ここでは深入りしませんが、「即時取得」といいます。

もう1つ知っておいてよいことですが、大事な原則に対する例外は、多くの場合、とても重要な制度です。即時取得がまさにそのような例です。ですので、法学では、勉強する制度について何が原則で何が例外かを押さえることがかなり大事です。法律の勉強のコツと言ってもいいぐらいです。

スでは、のび太が、売買契約や贈与契約によって、その前の所有者からおもちゃの所有権を得ていなければ返還請求もできません。当たり前のことなのですが、これをわざわざ確認しておくのは、次のことを言いたいからです。それは、先の所有権に基づく返還請求や不法行為損害賠償請求は、裁判で主張されるときは、主張する者が自分で所有権を持っていることを証明できなければ、認められない（主張をした者の敗訴になる）、ということです。本当にのび太がおこづかいでおもちゃを買い、売買契約により所有権を得ていたとしても、これを裁判所で証明することができなければ、この請求は認められません。つまり、本当に所有権を有する者でも、その所有権の取得を証明できなければ、所有者にふさわしい保護は与えられない、ということです。ハードルが高いようですが、所有権は、直接物を奪ったのではない者に対しても返還請求をすることを正当化することもある、強力な権利です。あやふやな根拠で法的保護を与えるわけにはいきません。

　今、所有権について考えてきましたが、それに限らず民法上の様々な権利は、裁判で主張されるときは、民事訴訟の場で証明されてはじめて法的な保護を受けます。大学に入って民法の勉強にとりかかると、いろいろな民法上の権利に出会いますが、それが実際に保護されるのは、その成立や取得が証明された場合だけである、ということをちょっと心にとめておいてください。では証明というのはどうやってするのか気になるところですが、これを決めているのが民事訴訟法です（→第10章）。

■ これまでの部分のまとめ

　これまでの話を整理しておきましょう。細かい点はともかく、次

のことを押さえておいてください。所有権とは、所有者が、物の使用・活用の仕方（そこには手放すことも含まれます）について、独占的に決定できる権利です。所有権は、所有者自身が物を売却するなど、法的な原因がなければ奪われません。所有者から物の利用や所持が奪われたときは、返還請求権などの保護が与えられます。そのような保護を伴う所有権は、直接物を奪った者だけでなく、誰に対しても主張ができるのが原則です。

■ 所有権が資本主義にとって大事なわけ

　ここからはもっと難しい話をします。ここから後は軽く読み流す程度でもよいでしょう（もっとも、私も学者のはしくれとして、こういうコムズカシイ話こそ好みなのですが）。

　つい先ほど、所有権が保護されるためには、それが存することの証明が必要であることをみてきました。逆にいえば、所有権が証明されれば、法的保護が必ず与えられるということです。ここで強調したいことがあります。それは、所有権が保護を受けるためには、所有者が物を実際に所持していたことは不可欠ではない、ということです。

　たとえば、楚辺通信所の例では、賃貸借契約の更新に応じなかった土地所有者Aさんは、その父から土地を贈与されていました。その後、賃貸借契約の期間が経過し、契約の更新を拒みました。この場合、Aさんは、贈与契約によって土地の所有権を得ています。しかし、その土地はずっと貸しに出されていたのですから、Aさんは、一度たりとも、当該土地について現実の所持をしたことはありません。それにもかかわらず、Aさんが土地の立入りを求めたとき、これを単純に否定することはできませんでした。所有権は、か

って現実に所持していた事実があったか否かに関係なく、契約や相続などの法的な原因があれば取得できるからです。

　例をかえましょう。のび太がおこづかいで店でおもちゃを購入したが、たまたまその日荷物が多かったのでおもちゃは後日取りに来ることにして、店で預かってもらっておくことにしたとしましょう。それを知ったジャイアンが、「のび太に頼まれた」とうそを言って、おもちゃ店からおもちゃを受け取ってしまったとします。この場合、のび太は一度たりとも、おもちゃを実際に持ち帰ってはいません。では、所有権はどこにあるでしょう？　売買契約というれっきとした法的な原因によって所有権を得ているのは、のび太です。ジャイアンは、法的な根拠もなく勝手に所持しているだけです。したがって、（先ほどのように、裁判の場合は売買契約の成立が証明できるという条件つきですが）のび太は、この場合も所有権に基づいてジャイアンに対して返還請求をすることができます。

■ 手にしたことがなくても所有権

　このように、実際に所持していなくても、所有権が真実の所有者に保障されることを、とても難しい言い方で、所有権の「観念的性格」と呼びます。なぜわざわざものものしい呼び方までしてこの性格を強調するのかというと、これは、所有権の「近代性」をよくあらわしているからです。2つのことを挙げましょう。所有権は、実際の所持を伴わなくとも、法的な原因さえあれば移転しますから、たとえば、物（たとえば土地）を、実際には買主に引き渡さなくても、売買契約をすることができます。買主は、実際に引渡を受けていなくとも、所有権を得ます。さらにその買主は、転売の契約をすることで、やはり実際の所持の移転を伴わずに所有権を転買主に移

転することができます。その転買主は、また、…というように、実際の所持と所有権の所在・移転が切り離されることは、近代的な取引（特に土地の取引）を活発にすることにつながります。歴史を振り返れば、地主などの寄生土地所有者が自ら農地の引渡を受けることなく多数の農地の所有権を得て、これを小作農に貸し出し富を蓄えて、さらに農地を買い増して資産を積み増していくことができるようになったのも、実際の所持と所有権の所在が切り離されていればこそです（寄生土地所有者が日本の近代的資本主義の成立に大きな役割を果たしたというのは、高校の日本史で勉強してるはず…なんだけど）。

　また、これは川島武宜先生という民法学界の巨星が論じていたことなのですが、日本では、どうも、長年、物を預かっていたり借りていたりすると、なんとなく自分の物になったような気になって、本当の所有者に返さなくなってしまう（繰り返すようだけど、確かにいますね、そういう人）という風潮があり、問題だとされることがあります。近代的所有権とはこのような風潮とは正反対のものです。つまり、所有権というものは取得原因によって所在がはっきり決まっているものであり、所有権の所在がはっきりしている以上、現実の所持がどうであれ、所有権は、所有者にのみ物の独占利用・活用を保障し、それ以外の人の物の支配を断固排除します。これが近代的所有権の姿。

■ 所有権無双

　ここまで、難しい話だったでしょう。でも、まだ難しい話を続けます。所有権の近代性を示すもう1つのことがらとして、「所有権絶対の原則」があります。これは、所有権には原則として制限があってはならない、という近代法の基本方針です。

これまで見てきたように、所有権とは、所有者が自由に物の使用・活用の仕方を決められる権利でした。これに対する制限は、原則として認められません。かつて中世に存在したような、土地を耕作できる権利はあるのに、土地を勝手に売れないとか、税・年貢を納める義務つきだったとか、独占的な物の自由な使用・活用を妨げる仕組みを排除するのが、近代的所有権です。近代とは、個人の自由を最大限保障する歴史的段階ないし社会をいいます。近代的所有権は、近代的自由を財産の利用・活用の面で保障します。歴史的には、近代的所有権は、封建的領主（世俗権力、寺社・教会）の既得権益を徹底的に破壊する意義がありました。封建的領主は、譲渡が禁じられ固定化された土地の上に税を徴収する権利を得ることで安定的な収入を得ていました。このような封建制の土台を「根こそぎ」にしてしまう（大村敦志『もうひとつの基本民法 I』（有斐閣、2005年）115頁）のが近代的所有権です。

■ 資本主義を回す所有権

　難しい話を続けてきて何が言いたいかというと、近代的所有権の性格（観念的性格、所有権絶対の原則）は、資本主義社会を根底から支えているということ。資本主義とは、土地などのいわゆる「生産財」も含めて社会に必要な「財」を「商品」として全面的に市場における取引の対象としてしまう経済システムであるといえます。所有権は、実際の所持を伴わなくとも移転でき、また取得できます（観念的性格）。だから、取引は極めて活発に行うことができ、土地すら商品になってしまいますし、かつ、実際に所持するにはもてあますほどの大量の土地・財産であっても、取引さえ重ねれば所有が可能になります。これが資本の蓄積をもたらします。でも、所有権

が種々の制限つきのものであったら、安心して取引ができません。商品というのならば、代金さえ支払えば、買主は、いかようにも物を自由に利用・活用できる権利を得られるのでなければなりません。そうでなければ、だれもわざわざお金を出して物を買いません。そこで「所有権絶対の原則」です。所有権には得体の知れない制限などないことがしっかり保障されているからこそ、人は安心して取引ができるのです。安心して取引ができるから、社会において市場における商品交換が全面化し、それに伴い資本が蓄積され、それが投資され、また商品交換を回していく、というサイクル（資本主義）が駆動できる、というわけです。

　近代的所有権と資本主義は、このようにして分かちがたく結びついています。大学に入ったら、こういう難しい話にも関心を持ってほしいと思います。

【ブックガイド】
- 所有権などを中心に近代法としての民法を論じたもので、しかも一般向けの本として、川島武宜『日本人の法意識』（岩波書店、1967 年）は、古典的名著。
- 民法の入門書のうち、近代的所有権と資本主義の関わりを強く意識するものとして、星野英一『民法のすすめ』（岩波書店、1998 年）、田山輝明『ガイダンス民法── 市民・財産と法』（三省堂、1998 年）があります。類書の中でも、大村敦志『もうひとつの基本民法 I』（有斐閣、2005 年）は所有権絶対の原則の歴史的意義を打ち出します。
- 近代的所有権研究どころか、戦後民法学に決定的影響を与えたとされる理論的研究は、川島武宜『所有権法の理論』（岩

波書店、新版、1987年)。
- 所有権をめぐる文化人類学的アプローチとして、加藤雅信『「所有権」の誕生』(三省堂、2001年)。

【研究課題】

楚辺通信所の件とそっくりの裁判紛争が、かつて、福岡県を舞台に起きたことがあります。この「板付基地事件」は、最高裁にまで持ち込まれ、そのときに出された最高裁判決は、重要判例になっています。この事件について、どのような事実関係があったのか、当事者の主張はどのようなものだったか、最高裁はどのような判断をしたか、を調べてみましょう。そのうえで自分はどう考えるか、筋道立てて論じてみましょう。

筆者のひとりごと

川島武宜先生は、お薦めした『日本人の法意識』という本の中で、真の所有者に無断で勝手に物を使い出し、そのことに悪びれすらしないという例を、これでもかとたくさん挙げられました。これに反して、近代的な所有権というものは、実際の所持とは関わりなく所有者に保障されるものであり、長年貸しに出されていようが、長年所有者が管理をしないままにしていようが、断固、所有者の物の支配を貫徹するものです。川島先生は、日本では近代的所有権の浸透が進んでいないとして、問題提起をされたのでした。

私は学生の頃にこの本に深い感銘を受けたのですが、物を借りっぱなしにしていると、今でも、「封建的だ」「前近代的だ」「民法研究者にあるまじき行為だ」と叱られそうな気がして落ち着きません。法律の本に限りません。学生時代には、ものの感じ方や思考のスタイルが揺さぶられるほどの本を、ぜひたくさんみつけてください。

第 5 章

自分たちのことは
自分たちで決める

選挙権と国民主権、議会制民主主義

■ 18歳選挙権

　選挙権年齢が、18歳に引き下げられることになりました（平成27年6月の公職選挙法の改正。平成28年6月19日施行）。この本を手にとっている高校生のみなさんも、3年生になれば、選挙権をもてるようになる人が大半だと思います。

　実は年々、20歳代の投票率は下がり続けており、60歳代と比べると約2倍、投票の数で比較すると約3倍の開きがある、という統計結果があります。こうした状況ですと、これから高齢化がますます進むと、若者の声が政治に反映されなくなっていくおそれがあります。政治家も、投票に行かない若い人の方には目を向けなくなるおそれもあります。

　そこで、できるだけ若い世代の意思を政治に届けるため、選挙権の年齢が引き下げられることになりました。また、これを通じて若い世代が、早いうちから政治問題に関心をもち、単なるこの国の「お客さん」（統治の客体）ではなく、この国の主体的なメンバー（公民）であるという自覚をもつようになることが期待されているといえます。

　「いや、政治のことなんて政治家がやってくれればいいのであって、自分と自分の身の回りの人間が楽しく平和に暮らせているなら、あとはどうでもいいよ、せっかくの日曜なんだし選挙なんか行くより遊びに行った方が楽しいし、というか受験勉強で忙しくって政治や選挙のことなんて考えてる余裕もないし…。」ついつい、こんなこと思ってしまうかもしれませんね。

　18歳選挙権はずいぶん騒がれましたが、選挙権ってどうしてそんなに大事なのでしょうか。18歳選挙権の導入の経緯や、実際に投票する際の具体的な手続等については、若者の投票率の統計結果等

も含めて、さしあたり総務省のウェブサイト（http://www.soumu.go.jp/18senkyo/）をみていただくことにして、ここでは法学入門ということで、特に憲法の目から、選挙権の大事さについて考えてみたいと思います。

■ 国民主権

みなさんは、この本を通じて、たとえばお金の貸し借りや犯罪に関するルール、働く際のルールなど、私たちの身の回りにはいろいろなルールがあり、それが民法や商法、刑法、労働法などの法律で決められているということを学んでいると思います。

これらの法律は、これまで社会科で「権力分立」というかたちで学んできたとおり、国会が作っています（立法権）。そして、内閣やその他の公務員がその法律を実際に動かし（行政権）、場合によっては法律をめぐるトラブルが裁判所に持ち込まれることもあります（司法権）。

こういうかたちで法律は、国の権力を担当する人々（国会・内閣・裁判所）の手を通じ、私たちの生活を規律しているわけです。私たちが法律に違反するようなことをすると、場合によっては裁判を通じて、法律を守るよう強制されることもあります（刑罰や損害賠償など）。そうすると、国の権力を担当する人々が「勝手」に作ったルールに、どうして私たちが縛られることになっているのか、という疑問も生まれるかもしれません。

実は、法律にもとづくいろんな仕組みは、国の権力を担当する人々が「勝手」に作ったわけではなく、私たち一人ひとりが作った（ことになっている）んだと、憲法がはっきり述べています。日本国憲法の前文は、次のような一文ではじまります。

【憲法前文1段(第1文)】

　日本国民は、正当に選挙された国会における代表者を通じて行動し、〔①〕われらとわれらの子孫のために、諸国民との協和による成果と、わが国全土にわたつて自由のもたらす恵沢を確保し、〔②〕政府の行為によつて再び戦争の惨禍が起ることのないやうにすることを決意し、〔③〕ここに主権が国民に存することを宣言し、この憲法を確定する。

　ここに出てくる①は、国民の自由・基本的人権を尊重しようとする原理です。②は、戦争放棄について述べています。③に、国民主権という考え方があらわされています。この3つが日本国憲法の三大基本原理だということも、これまで社会科で学んできたところですよね。
　この3つ目の③国民主権という考え方が、選挙権の大事さを考える上でのキーワードになります。国民主権とは何かということについて、憲法の前文は続けて次のように説明しています。

【憲法前文1段(第2文)】

　そもそも国政は、国民の厳粛な信託によるものであつて、その権威は国民に由来し、その権力は国民の代表者がこれを行使し、その福利は国民がこれを享受する。これは人類普遍の原理であり、この憲法は、かかる原理に基くものである。われらは、これに反する一切の憲法、法令及び詔勅を排除する。

　特に(1)「権威」が国民に由来する、という言葉と、(2)「権力」は国民の代表者が行使する、という部分が大事です。国民主権

とは、国の政治の最終的なありかたを決める（1）権威と（2）権力が国民にある、という考え方を指します。

■ 国家機関は私たちが作る

（1）は、「正当（統）性の契機」という専門用語で説明されることもあります。これは、国の政治を担当する人々がどうしてその地位に就けるのかというと、国民がそれを正当化しているからだ、という意味です。

かつて、君主が国の政治を担当していた時代には、その君主の地位は、たとえば「神の意思」によって正当化されていました。中世・近世のヨーロッパにおける絶対君主の王権神授説などがその典型例です。また、日本でも、明治憲法の時代に政治を担当する権限をもっていた天皇の地位は、「天照大神」の意思によって正当化されていました。

これに対し、日本国憲法が採用する国民主権のもとでは、国の政治を担当する人々の地位は、国民の意思によって正当化されます。具体的にどういうかたちで正当化されるのかというと、まず、立法権を担当する国会は、私たち国民が国会議員の選挙を行うことで作られます（憲法43条）。そうして作られた国会が、行政権を担当する内閣のトップ（首長）である内閣総理大臣を指名します（同6条、67条）。そのうえで、裁判所の裁判官は、内閣が指名・任命します（同6条、79条、80条）。

また、日本国の政治を担当しているのは、国会・内閣・裁判所だけではありません。地方公共団体（都道府県・市町村）も、その地域の中で独自のルール（条例）を作り（立法権）、それにもとづいた政策を行う（行政権）、ということが憲法で定められています（同94

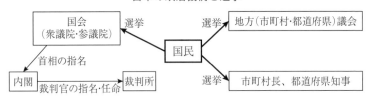

条)。そして、こうした地方の政治を行う地方議会の議員や長(市町村長、都道府県知事)も、住民が選挙をすることで作り出すことになっています(同93条)。

このようなかたちで、日本の政治を担当する人々の地位は、すべて究極的には私たち国民の意思にもとづくことになります。憲法15条1項が次のように述べていることも、この点を表したものです。

【憲法15条1項】

　公務員を選定し、及びこれを罷免することは、国民固有の権利である。

■ 代表民主制

国民主権には、もう1つ、(2) 国の政治のありかたを決める「権力」が国民にある、という意味があります。これを専門用語で「権力的契機」と呼ぶこともあります。

もっとも、それでは、たとえば消費税を上げるべきかとか、日本の安全保障をどうすべきかというような個々の具体的な政策・法律の一つひとつについて、私たちが直接、法律案を提出したり(国民発案)、賛成・反対について決定したり(国民評決)している(直接民主制)のかというと、そうではありません。

先にみた憲法の前文には、「日本国民は、正当に選挙された代表者を通じて行動」するとか、「権力は国民の代表者がこれを行使する」と書かれていました。日本国憲法が想定している国民主権は、国家権力（立法・行政・司法）を国民自身が直接行使するのではなく、国民の代表者が行使する、という代表民主制（≒間接民主制≒議会制民主主義）の原理です。これにもとづき、たとえば具体的な法律案は、基本的には国会議員が多数決で決めます（憲法56条）。

　もちろん、消費税がいくらになるのかとか、安全保障をどうするのかといった問題は、私たちの生活・安全に直接かかわる大事な問題なのだから、国民が直接判断すべきではないか、そのためには直接民主制が理想なのではないか、という疑問もありえます。また、多数決ではなく全員一致で判断すべきではないか、という意見もありえます。

　でも、少なくとも日本のような多くの人口を抱える国では、国民全員が集まって法律案を審議したり、政策の是非を決めたりする場を設けることは現実的ではなく、また全員一致を求めると、国民一人ひとりの利害は様々なので、結局何も決まらなくなるおそれもあります。

　また、たとえば法律の成立の際に国民投票を要求すると、複雑な問題を単純化しすぎるおそれもあるといわれます。ある法律に賛成するか反対するかといわれても、たとえば一部だけ賛成とか一部だけ反対とか、この部分だけこういう言葉に変えれば賛成できるとか、いろいろな意見があるはずです。でも国民投票にかけようとすると、こうした意見の全てに配慮した提案をすることは難しく、単純に賛成か反対か、という二者択一で問題設定せざるをえなくなる、という問題です。

さらに、国民投票のような直接民主制的な制度を採用すると、法律や政策の内容が国民の人気取りのようなものになってしまうおそれもあり（たとえば財源の裏付けもなく国民に「ばらまき」を行うような政策を目指し国の財政が困窮するなど）、選挙自体も人気投票のようなものになってしまうおそれがあるといわれます（プレビシットの危険）。また、国民投票のような直接民主制は、多数派のエゴによる少数派の抑圧になるおそれがある、といわれることもあります（単純多数決支配の危険）。

それよりは、国民の代表者が、少数派も含めたいろいろな国民の意見を国会にもっていき、そこで議論を重ねて法律・政策の内容を詰めながら決定したほうがよい——おおむねこういう考え方にもとづき、日本国憲法では、間接民主制が原則になっていると考えられます。

■ 直接民主制「的」な制度

そういうわけですので、日本国憲法のもとでは、国の政治の個々の具体的な中身を国民自身の手で直接決めるという場面は、限られています。直接民主制のあらわれとして憲法に書かれている唯一の例は、憲法改正の際の国民投票です（憲法96条）。憲法は、国の政治のありかたを決める基本的な法です。その憲法の内容をどうすべきかを国民自身が決めることは、国の政治の基本的なありかたを国民自身が決めるという場面になります。この憲法改正の国民投票も、18歳から行使可能な重要な権利です（平成30年より）。

そのほか、憲法では、最高裁判所の裁判官について国民審査という制度があり、衆議院の選挙の際に、辞めさせたい裁判官について×をつけるという制度（リコール）が採用されています（同79条）。

また、国が法律で特定の地方公共団体について規律しようとしているときには、その自治体の住民投票が必要だという制度もあります（同95条）。

この2つについても、直接民主制のあらわれといわれることもあります。もっとも、国民審査は、国の政治（統治）を担当する機関の1つである最高裁判所の裁判官を辞めさせる制度でして、政治の個々の中身を国民自身が直接決めているわけではありません。また、憲法95条の住民投票も、住民自身が地域の政治の内容を直接決めているというよりも、国が法律を使って地方に介入しようとしているときに、地方がこれに対抗するための制度という側面もあります。そのためこの2つは、厳密にいえば直接民主制とは必ずしもつながらない、という見方が最近は有力です。

■ **地方の場合**

これに関連して、地方の場合も、憲法にはっきりと書かれている制度は地方議会議員の選挙と長の選挙です。これも、政治を担当する人を国民（住民）が選ぶという意味で、代表民主制が採用されていることのあらわれです。

他方で、地方の場合には、憲法ではなく法律（地方自治法）や条例で、住民による条例の改正・廃止請求や住民投票制度など、直接民主制的な制度がたくさん採用されています。国のレベルでは、どうしても国民全体の利害の調整が必要となり、そのために代表民主制が要請されます（民意の統合）。これに対し、国のレベルでは取り上げられにくい地方の声については、できるだけ自治体の政治に反映させるため（民意の反映）、地方については、直接民主制的な制度を法律や条例で作ることを憲法が許しているといわれます。

憲法92条は、自治体の政治については「地方自治の本旨」にしたがって作られるべきことを述べています。地方自治の本旨とは、自治体の政治が国とは独立した団体で行われるべきこと（団体自治）、自治体の政策は住民の意思に基づくべきこと（住民自治）、を指します。特にこの住民自治の要請から、一定の直接民主制的な制度の採用が許されるといわれます。

　ただしその場合でも、たとえば住民がノーといったらこの条例は成立させられない、という法的な強制力をもつ住民投票（拘束型）を採用することができるかについては、議論が分かれています。ある下級審の裁判所は、そのような拘束型の住民投票は、間接民主制の原則に違反するおそれがある、と述べたことがあります（那覇地裁平成12年5月9日判決）。

　もちろん、参考意見として住民の意思を聞く、という趣旨での住民投票制度（諮問型）は採用可能でして、実際広く採用されています。また、このような諮問型であれば、国のレベルでも国民投票制の導入は可能だと考えられています。

■ 自由委任の原則

　以上の間接民主制の原則というところに関連して、特に国会議員は、「全国民の代表」だと憲法で定められています。

【憲法43条1項】
　　両議院は、全国民を代表する選挙された議員でこれを組織する。

　ときどき選挙演説などで候補者が、「A県出身の私はA県のために頑張ります」というようなことを述べることもありますが、これ

は少なくとも憲法が想定する国会議員の姿ではないと考えられています。

かつて、たとえば中世の身分制議会では、聖職者・貴族・庶民のそれぞれの代表者が集まり、代表者は選挙母体の命令に拘束され、その命令に代表者が反した場合には選挙母体から召喚（リコール）されることになっていたといわれます（命令委任）。

これに対し、日本国憲法のもとでは、国会議員は、自分を選出した選挙母体（選挙区）の代表ではなく、その選挙母体の個別の命令に法的には拘束されないといわれます。これを自由委任の原則と呼び、このことが「全国民の代表」という言葉に込められています。

また、憲法 51 条は、国会議員は、議院で行った演説や評決について、法的に責任を問われない、と定めています。たとえば議員がある法案に賛成したり反対したりしたとしても、そのことを理由に直ちに議員としての身分が奪われることはない、という趣旨が、この条文に示されています。これも、自由委任の原則のあらわれの 1 つです。

議員が委縮することなく自由に議論することが、多様な国民の意思を国政に反映させるために必要だ、という観点から、このような決まりが憲法で定められています。

憲法 15 条 2 項が次のように定めていることも、この点をあらわしていると考えられます。

【憲法 15 条 2 項】
　すべて公務員は、全体の奉仕者であつて、一部の奉仕者ではない。

もちろん、国民の意思に反した行動をとった議員は、次の選挙で

は落選する可能性があります。その意味で、積極的に選挙に行くことが大事です。

また、議員の活動と国民の意思・利益とが実際上つながっていなくてもよいとする考え方（政治学的代表）には、最近、批判も有力です。議員と国民の意思が事実上近いものとなるようにすべきであり（社会学的代表）、そのためには、できるだけ国民の意思が忠実に国政に反映させられるような選挙制度を作ることが重要だといわれます。

■ 選挙に関する憲法上の原則

それでは、選挙制度について、憲法はどのように定めているのでしょうか。憲法は、先に挙げた15条1・2項に続けて、次のように定めています。

【憲法15条3項】
　公務員の選挙については、成年者による普通選挙を保障する。

【同条4項】
　すべて選挙における投票の秘密は、これを侵してはならない。選挙人は、その選択に関し公的にも私的にも責任を問われない。

また、国会議員の選挙に関して、次のような決まりもあります。

【憲法43条2項】
　両議院の議員の定数は、法律でこれを定める。

【同44条】
　両議院の議員及びその選挙人の資格は、法律でこれを定める。但し、人種、信条、性別、社会的身分、門地、教育、財産又は収入によって差別してはならない。

【同47条】
　選挙区、投票の方法その他両議院の議員の選挙に関する事項は、法律でこれを定める。

　さらに、地方議会の議員や長については、次のように定められています。

【憲法93条2項】
　地方公共団体の長、その議会の議員及び法律の定めるその他の吏員は、その地方公共団体の住民が、直接これを選挙する。

　これらの条文から、選挙制度を国会が法律で作るときに注意すべき次のような原則が導かれるといわれます。①普通選挙、②平等選挙、③秘密選挙、④直接選挙の原則です。また、⑤自由選挙の原則も、選挙に関する重要な原則の1つといわれます。
　①普通選挙の原則（憲法15条3項）については、これまでの社会科の時間で、この原則が確立するまでの歴史をいろいろと学んできたところかと思います。かつては、たとえば「直接国税○○円以上の者でなければ選挙権を付与しない」、「女性には参政権を付与しない」というかたちで、選挙権の有無について、財力・性別等を基準に制限がかかっていました（制限選挙）。これを否定するのが普通選

挙の原則です。

②平等選挙の原則（同44条但し書きのほか、法の下の平等を定める同14条1項）は、基本的に、1人1票の原則を意味します。1人に2票以上を与えるような選挙（複数選挙）や、選挙人を社会的地位や財産などによって区別し、それぞれのグループの票の重さ（投票価値）に差をつけるという選挙（等級選挙）は、許されないこととなります。いわゆる1票の較差の問題は、後で述べるように、この原則に関わります。

③秘密選挙の原則（同15条4項）は、投票に行ったのかどうか、誰に投票したのかという点について、誰にも知られないようにする選挙制度です。この原則があるため、投票は無記名で行われることになっています。また、「私的」にも責任を問われないとありますので、たとえば、ある候補者に投票したことを理由に企業から解雇される、というようなことは、あってはならないといわれます。誰に投票すべきかは、一人ひとりが誰からも強制・圧迫・干渉されることなく、個人の自由な意思で決めるべきであり、それが公正な選挙（「正当に選挙」。憲法前文1段）のために必要だと考えられているからです。

④直接選挙の原則は、選挙人が直接議員や長を選挙する制度です。この対義語として、選挙人がまず選挙委員を選び、その選挙委員が議員等を選挙する間接選挙（アメリカ合衆国の大統領選挙はこれに近いです）や、他の選挙で選ばれた者がさらに議員等を選挙するという複選制などがあります。

憲法は、地方選挙については直接選挙が保障されるとはっきり書いていますが（同93条2項）、国政選挙（衆議院・参議院）については特に触れていません。そのため、学説では、国政選挙の場合に間接

選挙を行うことも可能だという見解も有力です。しかし、最高裁判所は、国政選挙の場合も直接選挙を行うべき原則が、憲法（43条）で要求されているという立場を前提にしているようです（最判平成16・1・14民集58巻1号1頁など）。

⑤そして、自由選挙の原則とは、投票に行く行為を妨げられないという投票の自由（同15条1項）のほか、立候補の自由（同条）などを指します。

さらに、この自由選挙の原則に、政治活動の自由（表現の自由。憲法21条1項）を含めることもできます。国民主権・民主主義のために表現の自由が大事だということは、第3章で学んだとおりです。私たちが候補者のさまざまな見解に接し、皆で議論するためには、候補者や国民がさまざまな政治的表現・政治活動を行う自由を認めることが重要です。

■ 投票価値の平等と1票の較差

若い世代の意見を政治に十分に反映させることが重要というのは、冒頭に述べたとおりですが、それでは、そのためにたとえば、子育て世代の親に、その子の人数分だけの票を与える、というかたちで複数の票を割り当てることはできるでしょうか。

この点を考える上では、先ほど挙げた平等選挙（1人1票）の原則に違反しないかどうかが、重要なポイントになります。そして、この平等選挙の原則を考える際にヒントになる具体的な問題として、テレビのニュースや新聞報道で長らく話題になっている、1票の較差の問題があります。まず、この点を確認しておきましょう。

この1票の較差が生じる原因の1つとしては、人口の少ない地域からも議員が出せるよう、たとえば衆議院の選挙区については、

必ず各都道府県から1人ずつ議員が選出されるようにするという制度（1人別枠方式）が採用されていることが関係しています。単純に人口だけに着目して定数を配分すると、定数がゼロの都道府県・選挙区が生まれるおそれがある、というわけです。

　もっとも、もし人口の少ないA選挙区と人口の多いB選挙区（Aの3倍の人口）から、それぞれ1人ずつ議員を選出するということになると、たとえばAの地域では2万票獲得すれば候補者は当選するのに対し、B地域の候補者は6万票集めなければならない、ということになる可能性があります。これを、投票している私たちの側からみると、1票の重みに3倍の開きがあるということになります。たとえ形式的に1人が1票をもっていたとしても、このように票の重さに違いが生じてしまう仕組みになっていると、一人ひとりが政治にもつ影響力に差が出るということになります。

　そうするとこれは、先ほどあげた複数選挙や等級選挙と変わらないということになってしまいます。一人ひとりの1票の政治的影響力は平等であるべきです（投票価値の平等）。したがいまして、この問題についての学者の意見としては、票の重さの差はできるだけ1：1に近づけなければならない、と主張する見解が多数です。

　この問題は何度も裁判になってきたのですが、最高裁判所はこれを長らくかなり大目にみてきました。その理由の1つとして、定数を配分するときには、先ほど述べた都道府県等、人口以外の要素に配慮する必要があり、憲法が選挙制度・議員定数について「法律」で定めると書いているのも（憲法43条2項、同44条但し書き、同47条など）、選挙区を作る際に国会が自由に判断できる余地（立法裁量）があることのあらわれだという点を挙げていました。

　もっとも、議員定数や選挙区についてのルールは、国会議員に

とっては自分が当選しやすくなるかどうかに関わるものですので、この点を国会の自由な判断に任せてしまうと、定数不均衡の問題はいつまでも解決しなくなるおそれもあります。そのためか、最近になって最高裁は、この問題についてかなり厳しく判断するようになりつつあります。

たとえば、先ほど挙げた都道府県1人別枠方式についても、議員はあくまでも「全国民の代表」(同43条)であり、特定地域の代表ではないと最高裁は述べ、人口の少ない地域への配慮は、議員定数不均衡を正当化する理由にはならないと判断しています(最高裁大法廷平成23年3月23日判決。なお、議員定数不均衡の問題の解消のため、平成27年の法改正により、参議院について、島根県と鳥取県、および徳島県と高知県がそれぞれ1つの選挙区(合区)にされました)。

以上のような観点から考えると、子育て世代へ複数票を割り当てる制度は、平等選挙(1人1票、投票価値の平等)の原則(憲法44条、同14条)や、議員は特定のグループ(子をもつ世代)のみの代表ではなく全国民の代表(同43条)だという理由から、許されないということになりそうです。

■ 成年者による普通選挙(憲法15条3項)

また、誰が選挙権をもてるのかという点について、憲法は「成年者」と定めています。この点もポイントになりえます。

この成年者とは具体的に何歳以上の者なのかについて、実は憲法ははっきり定めていません。そのため、具体的な年齢は、法律(公職選挙法)で決める必要があります。かつては20歳以上の者と決められていましたが、このたびの法律改正で、18歳以上というかたちに引き下げられました。

1人に必ず1票を、という点を形式的に重視すると、生まれたばかりの赤ちゃんにも1票を与えるべきだということにもなりえます。とはいえ、赤ちゃんが自分で選挙に行き投票することは難しいため、親が子の分を代理で投票するのだ、そのために未成年者の子をもつ親にはその子の人数分の票を与えるべきだ——このように考えれば、先ほどの例も正当化できるようにも思われます。

　もっとも、公正な選挙（憲法前文1段）を実現するためには、投票する個人個人の自由な意思と判断で投票を行う必要があります。その個人の判断が本当に自由な意思によるものといえるためには、その者に政治的な判断能力が備わっている必要があるという側面もあります。そうした判断能力を有していると考えられる者に選挙権を与えるのが合理的なはずであり、これが「成年者による普通選挙」と定めている憲法の要求だ——このようにも考えられます。

　もちろん、未成年者といっても十分に政治的な素養があるといえる人もいれば、成年者の中にも政治的素養が疑わしい人もいるのであり、形式的に年齢で割り切るのはおかしいという意見もありえます。しかし、その政治的な判断能力というものを具体的にどうやって判定すればよいのか、という問題もあります。

　たとえば、「政治的判断能力テスト」をパスした人に選挙権を与える、というやりかたは妥当でしょうか。この制度ですと、たとえば政府がそのテストの内容を恣意的に設定して、政府に都合の悪い政治思想等をもっている人を選挙から排除する、という危険も生まれます。これは、たとえば思想の自由（憲法19条）という憲法の要求にも違反するおそれがあります。そうするとやはり、年齢という形式的な基準で、ある程度割りきって線引きせざるをえないということになります（18歳か20歳かは国により差はありますが、先進国では選

挙権年齢は18歳が有力です）。

このように考えると、子をもつ親に子の人数分の票を与えるという制度は、もし子の選挙権を親に代理行使させるという意味だとすれば、やはり正当化できないということになります。その子は、「成年者」（18歳）になった後、自分の自由な意思にもとづく判断で選挙権を行使すべきだということになります。

この成年者による普通選挙という観点からも、子育て世代への複数票の割り当て制度を導入することは、難しいということになりそうです。

■ 選挙に行こう

ちなみに国会議員には、①先に挙げた免責特権（憲法51条）のほか、②国会の会期中は逮捕されないという特権（不逮捕特権。同50条）が認められています。これは、主に行政権による議院・議員への介入を防止するためです（権力分立）。さらに、③かつての貴族のようなお金持ちだけではなく、一般庶民も議員になれるようにするという目的で、議員報酬をもらえる権利（歳費請求権。同49条）が憲法で保障されています。現在、国会議員には、ボーナスや経費なども含めると、年額で3000万円を超える給料が支払われているといわれます。これに見合った、「全国民の代表」にふさわしい活動をしているかどうか、私たちがきちんと政治に関心をもって注視し続け、積極的に選挙権を行使することが重要です。

日本国憲法が採用する国民主権のもとでは、全ての国家機関は私たち国民が作っていることになります。その意味で、もし政治がダメだと思うところがあれば、それは政治家・公務員だけの問題ではなく、私たち一人ひとりの問題なのだという当事者意識をもつこと

が重要です。選挙権は、たんなる個人の「権利」ではなく国家機関を作る「公務」であり、選挙する瞬間、私たちは国家機関の一部（選挙人団）になっているといわれます。

1票1票は小さいですが、その積み重ねが、私たちの暮らすこの国の行方を決めます。

【ブックガイド】

- 安念潤司ほか編著『論点 日本国憲法』（東京法令出版、第2版、2014年）
- 駒村圭吾編『プレステップ憲法』（弘文堂、第2版、2018年）
- 斎藤一久編著『高校生のための選挙入門』（三省堂、2016年）
- 宍戸常寿編『18歳から考える人権』（法律文化社、第2版、2020年）
- 辻村みよ子『選挙権と国民主権』（日本評論社、2015年）
- 長尾一紘『日本国憲法』（世界思想社、全訂第4版、2011年）
- 同『外国人の選挙権　ドイツの経験・日本の課題』（中央大学出版部、2014年）

【研究課題】

❶ネット上での選挙運動や投票について、どのような仕組みになっているのか、どのような点に注意しなければならないのかについて調べてみましょう。

❷次のような人々の選挙権について、①法律（公職選挙法）上の決まりはどうなっている（いた）のか、②これらの人々の選挙権が制限されている（いた）ことが憲法に違反しないかどうかについて、裁判所はどのような判断を示したのか、③そ

れに対して学説ではどのような評価があるのか、上のブックガイドを手がかりに調べてみましょう。

・歩行が困難なため投票所に行けない重度の障害者
・成年被後見人
・受刑者
・日本に在留する外国人
・外国に在住する日本人

筆者のひとりごと

投票率の低さの問題を解消するため、たとえば投票に行かなかった者に罰則を科する、というような強制投票制度を採用することは、憲法上許されるでしょうか。選挙には「公務」(義務)という側面がある、という最後に述べた点を重視すると、義務を果たさなかった者に罰則を与えるのは当然だということにもなります。もっとも、このようなやりかたは「投票の自由」という先ほど述べた原則に違反する、選挙権は義務ではなく純粋な個人の権利であり、その権利を行使しない自由も含まれている、という考えかたも主張されています。投票率が低いことは、見かたによっては国が安定している証拠だとも考えられますが、他方で誰も選挙に行かなくなれば、国民主権原理は画に書いた餅になるおそれもあります。いずれにしても、一人ひとりが自発的に選挙に行こうとする当事者意識をもつことが、重要なのでしょう。

第6章

いじめを軽くみるな!
刑法的思考の第一歩

■ **はじめに**

　相手が苦しむことを知ってなされるいじめ。卑劣で憎むべき行為であると多くの人が認識しているはずです。しかし実際にはいじめは一向になくならず、いじめられて辛く悲しい思いをしている人がたくさんいます。

　本章では、あなたと一緒に、まずいじめとは何かについて確認したいと思います。そして、いじめの多くが実は犯罪行為であることを確認し、いじめの重大性について共に感じたいと思います。そのあと、犯罪を取り扱う法律、すなわち「刑法」の世界における基本的な考え方について、少しだけ覗いてみることとしましょう。

■ **いじめの定義の変遷を確認しよう**

　次頁のフローチャートを見てください。文科省によるいじめの定義（児童生徒の問題行動等生徒指導上の諸問題に関する調査における定義）の変遷、そして「いじめ防止対策推進法」という法律における定義です。かつては、いじめの範囲を今よりずっと限定していたことが分かります。

　旧定義を見ますと、攻撃が、①弱い者に対して一方的に、そして②継続的になされ、かつ③相手に深刻な苦痛が生じたというときに、いじめの存在を肯定できることになっています。しかも、④学校が事実確認したことが要件とされています。

　ですので、たとえば、行為者の方が相手よりも立場的に優位に立っていたといいきれない場合や、いじめを受けた者の苦痛が深刻なレベルに達していることが確認できない場合には、基本的にいじめは存在しないとされました。このように、かつては、いじめと判断される行為の範囲がかなり絞り込まれていたことが分かります。

> **【旧定義=1986年度からの定義】**
>
> 　「いじめ」とは、「①自分より弱い者に対して一方的に、②身体的・心理的な攻撃を継続的に加え、③相手が深刻な苦痛を感じているものであって、学校としてその事実（関係児童生徒、いじめの内容等）を確認しているもの。なお、起こった場所は学校の内外を問わないもの」とする。
>
> 　　　　↓
>
> **【1994年度からの定義】　略**
>
> 　　　　↓
>
> **【新定義=2006年度からの定義】**
>
> 　個々の行為が「いじめ」に当たるか否かの判断は、表面的・形式的に行うことなく、いじめられた児童生徒の立場に立って行うものとする。「いじめ」とは、「当該児童生徒が、一定の人間関係のある者から、心理的、物理的な攻撃を受けたことにより、精神的な苦痛を感じているもの。」とする。なお、起こった場所は学校の内外を問わない。
>
> **【いじめ防止対策推進法（2013年）における定義】**
>
> 　「『いじめ』とは、児童等に対して、…一定の人的関係にある他の児童等が行う心理的又は物理的な影響を与える行為（インターネットを通じて行われるものを含む。）であって、当該行為の対象となった児童等が心身の苦痛を感じているものをいう。」

　しかし、このような基準は、いわば行為者側（いじめる側）に肩入れしすぎたものであり、被害者であるいじめられる側の保護に手薄

でありました。たとえば、外からはふざけあっているように見える場合であっても、実態はいじめだということもよくあります。このようなケースを見逃すことなくいじめとして把握することが実際には求められるのですが、かつての基準では、友だち同士であり立場上優劣はないとか、継続的な攻撃はないとか、深刻な苦痛が明白でない、などといった理由が付く場合には、いじめとはならなかったので、結局いじめの発見が遅れ、被害が深刻化するというケースがしばしば生じたのです。

そこで、いじめの定義を広げるという対応がなされてきたのです。

新定義、そして「いじめ防止対策推進法」における定義を前頁のフローチャートで見てください。これらによると、ある者が、多少なりとも知っている他者に対して苦痛を与えることをし、実際に苦痛を感じさせたなら、いじめがあったということになります。ですので、いじめというためには、複数人が1人に対してする行為である必要はありませんし、強い者が弱い者に対して行うという構図である必要もありません。単発的な行為でも、また、与えた苦痛が比較的小さかったとしても、いじめとなりえます。

いじめの被害者が、厳格な基準のあおりを受け、ないがしろにされることのないよう、工夫が重ねられてきたのです。

■ 犯罪としてのいじめ

いじめには被害者がつきものです。いじめの被害者を生まないためにも、そして現に被害を受けている者を救うためにも、いじめにかかわる1つの重要な事実を知る必要があります。すなわち、いじめの多くが実は犯罪であるという事実です。

では、どのようないじめが、どのような犯罪行為にあたるので

しょうか。例は多数に上りますが、スペースの関係で、以下に12の例を挙げてみます（その他の例を含め、http://www.yomiuri.co.jp/adv/chuo/opinion/20140303.html 参照）。

○ 身体的攻撃を内容とするいじめ

たとえば、①プロレスごっこだと言って技をかけるといったことがなされたりしますが、このような風景は、仲良し同士が遊んでいるようにも見えるため、いじめかどうか外から判断がつきづらいという問題を抱えます。しかし、相手をさせられる方が乗り気でない場合は、いじめです。このような技かけは暴行罪を構成し（最高2年の懲役／刑法208条。以下では、「最高」、「刑法」の言葉は繰り返しません）、怪我をさせれば傷害罪となります（15年の懲役／204条）。殴る蹴るまでいかなくても、たとえば、②髪を引っ張ればこれも暴行罪です。③かばんやペンなど、物を相手の体に投げつける行為も暴行罪となります。相手に投げた物が体に当たらなくても、身体の安全を脅かしたとして暴行罪になりえます。

④相手がいやがっているのに、従わなければただじゃおかないなどと脅して、強いて虫などの異物を口に入れさせるといったいじめも現にあります。これは強要罪という犯罪です（3年の懲役／223条）。

○ 精神的攻撃としてのいじめ

⑤うざい、キモいなど、自分が言われれば傷つくことを、他人に対しては平気で言い放てる者がいます。こういった侮蔑的な言葉を多くの人が耳にする状況下で発すれば、侮辱罪を構成することになります（拘留又は科料／231条）。本人の耳に入り、本人が傷つき、精神疾患に至ったとなれば、そのつもりはなかったとしても、過失傷

害罪という犯罪にあたります（30万円の罰金／209条）。最近は、SNSを使って侮辱的な言葉、悪口、根も葉もない噂を書き込むという事例も増えてきています。これらの行為も侮辱罪、場合によってはより重い名誉毀損罪（3年の懲役／230条）となります。

⑥相手の持ち物を壊す行為は、器物損壊罪です（3年の懲役／261条）。そして、⑦かばんに泥を詰めるとか、激しく汚すなどという行為も、さらには、⑧上履きを隠すなどの隠匿行為も、器物損壊行為に当たります。器物損壊行為の典型は他人の物を破壊する行為ですが、破壊行為の問題の本質は、物の所有者が本来もっている、物を好きな時に自由に使用する利益を奪う点にあります。人の物を激しく汚す行為も、隠す行為も、そのような性質をもっている行為ですので、破壊行為と同じ扱いを受けるのです。

⑨先生に助けを求めた者に対して、チクっただろうなどと言いつつ、「いい度胸してるな、放課後楽しみにしてろ」などと脅しをか

■ コラム（想像を絶するいじめ）

卑劣さ・凶悪さの極まったいじめとして、次の記事を引用します。

「女子生徒が手引きして男子生徒に集団レイプをさせるのも珍しくない。ある女子高校生が別のクラスの女子に「先輩（男子）の家に遊びにいこう」と誘われた。訪ねていくと、数人の男子生徒と女子生徒が待ち構えていて、その場で輪姦される。ターゲットになるのは、決まって性格がおとなしい子だ。手引きした女子生徒は横で眺め、そこにいる生徒たちは、携帯で一部始終を録画する。こんなことは決して珍しくないという。」（AERA 2013年10月7日号より）

あなたに近い年代の者による、集団強姦（最高20年の懲役／刑法178条の2。手引きした女子も同罪）の事例です。どうしてこんなことが起きるのか、被害者はどれほどの苦痛・恐怖に震えていたか、考え想像してほしいと思います。

ければ、それだけで脅迫罪を構成します（2年の懲役／222条）。

○ **金銭にからむいじめ**

⑩人のかばんからその財布を盗めば、窃盗罪となります（10年の懲役／235条）。鉛筆や消しゴムをとっただけでも、もちろん窃盗です。

⑪金や物は、脅されて巻き上げられることも少なくありません。暴力が用いられることもあります。脅したり暴力をふるったりして金や物を差し出させる行為は、恐喝罪にあたります（10年の懲役／249条）。脅しや暴力の程度が激しければ、より重い罪の強盗罪となります（20年の懲役／236条）。

○ **性的ないじめ**

⑫嫌がるのに無理やり下着姿・裸にして笑いものにするなどのいじめは、女子が女子、男子が男子に対して行う場合も少なくありません。そこにわいせつ感情が伴っていなくても、強制わいせつ罪を構成します（10年の懲役／176条）。

■ **刑法における規定の改正・新設——その意義と注意点**

ここで再度、いじめの定義の変遷について振り返ってみましょう。

いじめの定義の変遷は、いわば規定改正の歴史です。いじめを見逃すことなく早期に正しく発見し、被害者をしっかり保護するという目的において、かつての定義は不十分なものと認識され、見直し（改正）が進められてきたのです。

このように、一定の目的追求において不十分・不都合な定めを改正したり、さらには新しい定めを設けたりといったことはしばしば

行われるのですが、それは、もちろん刑法の世界でも見られます。ただ、刑法におけるそのような措置は、よりシビアな観点から行われます。

　刑法における規定の改正や新設は、私たちの基本的利益（生命・身体の安全・自由・財産・名誉など）の保護の充実や、公正・正義の実現の徹底、さらには被害者救済の拡充などを狙って行われます。その意味では基本的に歓迎されるべきものです。ただ、刑法は「処罰」を前提とする法であり、個人そして社会に極めて大きな影響を与える存在ですので、改正・新設作業は、万が一にも間違いが生じないよう慎重に慎重を期して進められなければなりません。規定の改正や新設を急ぐあまり、たとえば、処罰範囲の限界が曖昧となるような規定を作ってしまうことは、絶対に避けなければなりません。そのような規定は、処罰される行為とされない行為との線引きを困難にし、市民の行動指針を奪うこと、市民の自由を萎縮させることにつながるからです。

■ **刑法における規定の改正・新設について、具体例を見てみよう**

　ではここで、最近の刑法上の改正・立法の一例として、飲酒運転に対する刑法の対応についてお話しすることにしましょう。

　かつては、酩酊状態で運転し人身事故を起こしたとしても、それほど厳しく処罰されませんでした。そのような行為を厳罰に処する刑罰法規（刑罰を予定する条文）がなかったためです。1999年に次のような事故が起きました。

　　場所は東名高速。サービスエリアなどで缶チューハイ250ml、ウイスキー280mlをストレートで飲んだトラック運転手は、酩酊状態

でトラックを運転。しばらく走行すると、前を走っていた乗用車が前方渋滞のため減速。しかし酩酊のトラック運転手はそれにすぐに気付かず減速が遅れ、乗用車に激しく衝突。乗用車は炎上した。乗っていた家族4人の内、父親は重体、3歳と1歳の女児は焼死してしまった。

このような悲惨な事故を起こしたとんでもない運転手に対して、当時、刑法典において使える条文は、「業務上過失致死傷罪」(刑法211条)のみでした。刑罰でいえば最高で5年の懲役までしか予定していない規定です(実際は、道路交通法の「酒酔い運転罪」の規定も使えば、7年の懲役が最高刑になるのですが、話を複雑にしないため、道路交通法の話は取り上げないこととします)。裁判を経て実際に下された刑罰は4年の懲役でした(東京高等裁判所平成13年1月12日判決。なお、当時の新聞記事として、たとえば読売新聞2001年2月6日東京朝刊1面参照)。そこで、そのような刑法の実態に批判の声が多く上がりました(刑法改正を求める署名運動まで起きました)。窃盗罪(235条)でさえ最高刑は10年の懲役です。それなのに、前記のような運転手に対して最高5年の懲役というのは、やはり不当に軽すぎであったといえるでしょう。

そこで、こうした悪質きわまりない危険な運転をして、案の定、人の命を奪ったドライバーに対して、相応に厳しく対応できるよう、2001年に「危険運転致死傷罪」という新規定が設けられました(当時の刑法208条の2。今は、「自動車の運転により人を死傷させる行為等の処罰に関する法律」(いわゆる自動車運転死傷行為等処罰法)2条)。これにより、悪質な飲酒運転などで事故を起こし人を死傷させた場合、最高15年の懲役を科せるようになったのです。さらにその後、刑法の一部改正を受け、最高20年の懲役となりました。

ただ、この危険運転致死傷罪は、極めて悪質な運転をしたドライバーのみをターゲットにし、非常に厳しい刑罰を科すこと（最高20年の懲役）を狙いとするものでした。その意味では、予定されていた処罰範囲はごく限定的であったわけです。それ故、そこまで悪質とはいえない運転によって死傷事故を起こしたドライバーに対しては、軽い業務上過失致死傷罪で対応するしかありませんでした。

　そこに変化が生じたのは2007年でした。そもそも自動車の運転は危険性の高い行為であるから（車は走る凶器とよく言われますよね）、自動車で死傷事故を起こしたドライバーを、業務上過失致死傷罪という軽い罪で処罰すること自体がおかしい、より重く罰せられる罪を作るべきだ、という考えが強まり、「自動車運転過失致死傷罪」の新設に至ったのです（当時の刑法211条2項。今は、自動車運転死傷行為等処罰法5条に置かれ、条文見出しも「過失運転致死傷」に変更されている）。最高7年の懲役の罪です。これにより、自動車で死傷事故を起こしたドライバーは、少なくともこの罪で処罰されることとなりました。こうして、危険運転致死傷罪に問えなくても、ある程度重い刑罰を科すことが可能となったのです（また、危険運転致死傷罪じたいも改正されました。それまでは4輪車のドライバーにしか適用できない規定になっていたのですが、2輪車のライダーにも適用できるよう改まったのです）。

　しかしみなさん考えてください。危険運転致死傷罪となれば最高20年の懲役なのに、ならなければ最高7年の懲役というのでは、なおも差があまりに大きく、それでよいのかという疑問が生じませんか？　実際、危険運転致死傷罪は、極めて悪質な運転（これが危険運転です）をした場合にのみ成立しますので、その手前レベルの悪質運転をしたドライバーは、一気に自動車運転過失致死傷罪に格

原付以上運転者（第1当事者）の飲酒別死亡事故件数の推移（各年12月末）

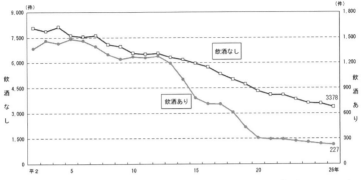

警察庁交通局「平成26年中の交通死亡事故の特徴及び道路交通法違反取締り状況について」27頁より

下げとなってしまい、刑罰もガクンと軽くなってしまいます。そのため、これはやはり不適当であるとの認識のもと、事案の実態に見合った処罰体系に直すべく、2014年、「準危険運転致死傷罪」と呼ばれる罪が新設されました（自動車運転死傷行為等処罰法3条）。これにより、そのような悪質な運転をしたドライバーを最高15年の懲役で処罰することが可能となったのです。

ちなみに、飲酒運転に対しては、先に述べた規定の改正・新設だけではなく、道路交通法における関連規定の改正や、警察による取締まりの強化、さらには社会における飲酒運転撲滅運動など、様々な対応策が展開されてきました。その甲斐あってか、統計上、飲酒運転による死亡事故の数は減少してきています。

■ **刑法の規定を運用する際に守らなければならないルール**

先ほど、飲酒運転に対する規定の改正・新設の例を紹介しましたが、当初の刑法に見られたそもそもの問題点についてもう一度振り

返ってみましょう。

　当時は、酩酊運転による死傷事故のケースにも業務上過失致死傷罪で対応するしかなかったのですが、実質的な問題は、最高刑が5年の懲役であったことでした。そこで、それはあまりに生ぬるすぎるとの批判の声が上がり、危険運転致死傷罪の新設へとつながったのでした。

　ここで意識していただきたいことは、業務上過失致死傷罪が定める最高5年の懲役という壁です。この罪で処罰する以上、この壁は絶対であるという大前提を、しっかり認識していただきたいのです。当たり前のように感じられるかもしれませんが、刑法の世界においては、規定の枠に拘束されるというルールが非常に重要な意味をもっています。たとえ、酩酊運転で死傷事故を起こしたドライバーに5年の懲役はあまりに軽すぎるとの意見が世論を形成していたとしても、規定上5年の懲役が最高刑となっている以上、これを越える刑罰は絶対に認められないのです。また、たとえば、酩酊運転で人を死なすなどというのは殺人と変わらない、だから殺人罪を適用（規定を事件処理のために用いること）すべきだ、などと主張する人が出てきたとしても、その主張が刑法学の世界で採用されることは絶対にありません。殺人罪は刑法199条にあり最高刑は死刑ですので、これを適用すれば重罰に処せますが、殺人罪が成立するには「人を殺す故意（＝殺す意思）」が必要ですので、いくら悪質きわまりない運転をしていたドライバーであったとしても、人を殺すつもりがなかった以上、絶対に殺人罪に問うことはできないのです。ここにも、乗り越えられない絶対の壁があるのです。

　危険運転致死傷罪が新設された後にも留意しましょう。この罪は、極めて悪質な酩酊ドライバーに適用するものとして設けられま

した。ですので、極めて悪質とまではいえない飲酒ドライバーには、適用したくても適用できないのです。だからこそ、さらに自動車運転過失致死傷罪や、準危険運転致死傷罪が新設されたわけです。

このように、刑法における各規定には、適用の許される範囲、いわば「適用可能範囲」があり、そうであるからこそ、規定の適用について考える際には、その事件が、その適用可能範囲に本当に入っているかどうかを慎重に見極めることが求められます。規定の適用可能範囲に入っていない事件に対して規定を適用することは、誤った規定の運用であり、法的にアウトなのです。

■ 規定の適用可能範囲はどのようにして決まるか

ところで、各規定の適用可能範囲というのは、どのようにして決まるのでしょうか。

規定は言葉でできていますので、書かれている言葉をそのまま理解すれば自ずからその適用可能範囲も明らかになるのでは、と考える人もいるかもしれませんね。しかし実際には、そう簡単にはいきません。そもそも言葉は多くの場合、多義的です（たとえば「愛」とは何でしょう？　いろいろな捉え方がありますよね）。規定の文言も、多くは多義的ですので、その細かな意味内容を突き止めるためには、「解釈」という作業が必要となるのです。解釈とは、言葉の意味を明確化することです。解釈をとおして規定の言葉の意味をはっきりさせ、その適用範囲を明確化する、というわけです。

ここで刑法199条を見てみましょう。殺人罪の規定です。次のようになっています。

【刑法199条】

　　人を殺した者は、死刑又は無期若しくは5年以上の懲役に処する。

　このような規定ですので、殺人罪が成立するには、誰かによって「人」が殺された、という事実が必要です。では、次の事例を読んでください。

　　Xは、妊婦Aに対する恨みを晴らそうと考え、Aのお腹の子を死なせればAは絶望するだろうと思いつき、ある日、Aを呼び出し、Aの腹部を強く殴った。それによりAの胎内の子は死亡し、Aは流産するに至った。

　Xは、Aの胎内の子を死亡させましたが、この行為は殺人罪に当たるでしょうか。問題は、「人」を殺したといえるか、Aの胎内の子は「人」にあたるか、です。Aの胎内の子は、まだ生まれていないだけで「人」であることに変わりない、ともいえそうですし、生まれていないのだから「人」というには早すぎる、ともいえそうです。そこで、刑法199条にある「人」という文言を解釈しその意味範囲を明らかにする必要がでてきます。「人」を胎内の子を含めた概念として解釈するか、胎内の子は含まれない概念として解釈するか。前者ならば、Aの胎内の子は「人」にあたり、Xは「人」を殺したとして殺人罪に問われることになります。あなたはどう考えますか？

　199条にある「人」という、いっけん意味が明らかな文言でさえ一義的ではないということがお分かりいただけたでしょう。こういう次第で、解釈をとおしてその意味をはっきりさせ、それによって

適用可能範囲を明確にすることが、199条にも必要となるのです。

　ところで、解釈はどんなものでもOK、というわけではありません。合理的な解釈が目指されなければなりません。もっとも、何をもって合理的な解釈とするかについて定説があるわけではないのですが、一応、言葉が本来もっている意味や、他の規定との関係や、その規定が設けられた趣旨・目的などに照らしたとき、納得力に富む解釈をもって、合理的解釈と理解してよいでしょう。言い換えれば、説得力のある根拠が多く付されている解釈ほど合理的だ、ということです。

　規定の適用可能範囲は、合理的根拠に支えられた解釈をとおして明らかになる、というわけです。

■ 市民の権利・自由を保障するための厳格なルール

　規定に合理的な解釈を加えその適用可能範囲を明確化することとともに求められるのが、前に述べた、その適用可能範囲を越えた規定の運用を認めないという姿勢です。この姿勢は、刑法の世界で非常に重要なものです。

　適用可能範囲に入らない事件であるにもかかわらず、その規定をその事件に適用するならば、それはいわば無理やりな規定の運用であり、不意打ち的に処罰することを意味します。これは、市民の権利・自由の保障の観点から許されないことです。市民の権利・自由を侵さないために、刑法の世界では、合理的解釈により明確化した適用可能範囲を越えての規定運用は、厳格に否定されるのです。たとえ処罰感情を大きくかき立てるような行為がなされたとしても、合理的解釈をとおして明確化した適用可能範囲の中に入らない事件であるならば、その規定を使うことは許されません。

先の例で言いますと、準危険運転致死傷罪に相当する行為をしたドライバーを、同罪がまだ存在しない時期において、危険運転致死傷罪で処罰するということは、許されないということです。

　当然、規定に記されている程度を越えた刑罰もまた厳格に否定されます（たとえば、規定上3年の懲役が最高刑であるのに、4年の懲役を科すことは絶対に許されないということです）。これを肯定することは、市民にとって想定外の処罰を認めることを意味し、やはり権利・自由侵害にあたるからです。

　合理的な解釈をとおして規定の適用可能範囲を明確化し、それを越えた規定の適用を厳に否定する。これにより、刑法は、市民の権利・自由を保障する法として機能していくこととなるのです。

■ **いじめの定義を越えて、いじめの認定をすることは許されるか**

　いじめの定義が見直されたのは、いじめをより効果的に防止するため、そしていじめを見逃さず早期に正しく発見し、いじめの被害者を確実に救うためでした。いじめが見逃され、それにより被害者が救われなくなるという事態を防ぐことを最優先に、定義が改められていったのです。こうして、今日の定義では、広くいじめをとらえることが可能となっています。

　では、旧定義ではいじめといえない、しかし今日の規定ではいじめにあたるような行為（たとえば、攻撃が継続的になされているとはいい難いが、すでに被害者に大きな苦痛が生じてしまっている場合）を、旧定義の時代において、いじめと認定することは、許されないことであったでしょうか。

　あえて刑法学流の論法を展開すると、なされた行為は旧定義からすればいじめとならない行為であり、よっていじめの存在を肯定す

ることは許されなかった、との回答になりますが、しかし、いじめの定義は、いじめの加害者への制裁を前提とするものではないので、刑罰という制裁を前提とする刑法において展開される厳格な考え方に拘束される理由はないといえます（そもそもいじめの定義は法ではないから話は別だという切り口は、あえて採用しないこととします）。むしろ、いじめの定義が設けられた趣旨に立ち返り、その趣旨に合致する運用をすることの方が大切といえるでしょう。当時、いじめの定義が設けられた背景には、深刻ないじめ問題の顕在化という事実がありました。いじめによる自殺が相次いで起き、いじめ問題に注目が集まるとともに、再び同じような被害者を出してはならないという意識が高まるなかで、いじめへの適切な対応・被害者の救済といった観点から、いじめの定義が作られたのです。このような定義作成の趣旨に照らしますと、定義にばかり縛られ、たとえば被害者の救済がおろそかになるなどというのは、まさに本末転倒というべきでしょう。いじめの定義に合致しなくても、いじめへの適切な対応の視点・被害者の救済の視点から熟慮を重ねた結果、いじめの認定をした方が好ましいと判断されるようなケースについては、いじめと認定しても構わなかった、と考えることができるのです（くり返しになりますが、いじめと認定したからといって懲戒等の制裁に直結するわけではありません。だからこそ、定義を越えたいじめの認定も許されるのです）。

　いじめの定義は、いってみれば典型的ないじめの構造のみを示すもので、一種の「例示規定」といえます。この見方からしますと、定義にズバリ合致するケース以外に関していじめを肯定しても必ずしも不当ではない、とする考え方に、より理解が及ぶことになるでしょう。

■ おわりに

　刑法は、してはいけない犯罪行為を、刑罰とセットで明示しています。これにより、人々に対して、そこに記されている行為をするなという強烈な禁止のメッセージを発しているのです。したがって、もしこのメッセージに反する行為をしたとなれば、あらかじめ示されていた禁止のメッセージを破ったということで、約束どおり（このような約束を「社会契約」といいます）、刑罰が科されうることになります。刑罰が科されますと、その人はその後の人生において前科者という重いスティグマ（烙印）を負いながら生きていかなければならなくなります。そして様々な人生の局面で、不利益を被っていくことになるのです。

　ほとんどの人々は、そんな人生はまっぴらだと考え、刑法で定められている罪を犯さぬよう生きていこうとするのですが、そのような生き方をしていくためには、あらかじめ、どのような行為が犯罪にあたるかを示す情報が公にされていなければなりません。それが刑法（の諸規定）です。刑法は、どのような行為が犯罪になるかを公に予告しておくことで、人々に犯罪者とならない生き方を選択させるという重要な役割を担っているのです（→第1章）。

　以上を踏まえますと、犯罪になると予告されていない行為については、たとえ世論において処罰感情がどんなに高まったとしても決して犯罪としてはならない、という考えに行き着くでしょう。その行為をした者の処罰は断念せざるをえないのです。もっとも、同種の行為を将来的に処罰対象とすることは可能です。そうです、規定を新設すればよいのです。そうすれば、規定の新設後になされた行為について犯罪とすることができるのです。

　誰かを不意打ち的に犯罪者にし、処罰し、前科者にするというこ

とが起こらないよう、刑法は慎重に用いられなければなりません。

刑法の世界の一面をご理解いただけましたでしょうか？

【ブックガイド】

- 森田洋司『いじめとは何か――教室の問題、社会の問題』（中公新書、2010年）
- 井田良『入門刑法学・総論』（有斐閣、2013年）

【研究課題】

本文で再三述べましたように、刑法が示す犯罪行為を行えば刑罰が科されうることになります。しかし、そもそもなぜ、犯罪者の生命を奪ったり（死刑）、自由を奪ったり（懲役・禁錮）といったことを、国家が実行することが許されるのでしょうか。国家にそのようなことを実行する権利はあるのでしょうか。あるとすれば、その権利はどこから出てくるのでしょうか。

筆者のひとりごと

この第6章を読んで、「刑法学ってガチガチで柔軟性がないな」との感想をもった人もいらっしゃるでしょう。しかし！　今日の刑法学は、むしろ柔軟性に富むものなのです！　形式的な考えは排除される流れにあり、事件を公正・適切に解決できる実質的で柔軟な考え方が採用される傾向にあるのです。刑法学には、いわば厳格な顔と柔軟な顔とが共存しているといえます。将来大学等で専門的に刑法学に接したとき、この意味するところを学び取っていただけたら嬉しいです。

第 7 章

なんでお母さんが株式会社の会議に出るの?

会社組織の法

■ **株価って何なの？**

「おはよぉ…」○○年6月27日朝6時、いつものように眠い目をこすりながら居間にはいってきたのは、彩音（中央八王子大学附属高校2年B組、演劇部所属）。「おはよう！」と返したのは母・優子だが、彩音が優子を見たとき「あれっ」ちょっと驚いた。

（木曜日はパートのしごとがあるから、部活で早い私よりもっと早く家を出るはずなのに、何かゆっくりコーヒー飲んでる…）

「母さん、今日しごとないの？」

「今日お休みもらったよ。今日は、お母さんが株主になってる大村家具の株主総会があるから出てみようと思って。」

（なに、株主？　大村家具？　株主総会？　総会って会議？　お母さんが大村家具の会議に出る？　お母さん、病院のパート従業員じゃないの？　株って何か怖いんじゃないの？？？）

「え、何それ」

「あなた、知らないの？　最近朝のニュースでよくやってるじゃないの！　大村家具の創業家で親娘対決があって、今日の株主総会で経営者が決まるのよ。親の側と娘の側が真っ二つだから、お母さんみたいな株主がどっちにつくかで決着がつくかもしれないのよ。こんな機会ないから、行ってみるの！」

（朝のニュースって、そりゃ、朝ご飯のときテレビついてるけど見てないもん。インスタ見てるんだから。そんなことより、大村家具ってけっこう有名じゃん。お母さんが投票かなんかするの？　経営者を決める？　何それ）

「なんでそんなとこ行くの…（よー分からん）」

「だって、へんなことになったら、大村家具の株価がもっと下

がっちゃうかもしれないじゃない。お母さんは大村家具が好きなの！」

（株価って、夜のニュースでやってる日経平均株価とかいってるやつのことじゃないの？　大村家具の株価って何なの…だいたい、なんでお母さんが大村家具の会議に出るの？？？）

■ 株式会社のしくみ（その1）：株式会社は人の集まり

　母・優子が言っている大村家具というのは、株式会社です。だから、株主、株主総会とか株価といったことばが出てくるのです。大村家具という架空の会社を離れて、一般的な株式会社のしくみの話から始めましょう（彩音さんもいっしょに聞いておいてくださいね）。

　株式会社というのは人の集まり（団体）であると同時にまた、ひとりの人でもあります。どういうことでしょう。

○ 株式会社は誰の集まり？

　株式会社は人の集まり（団体）と書きましたが、誰が集まっているのだと思いますか？　多くの人は、サラリーマン・OL・従業員（どう言ってもかまいませんが）の集まり、つまり会社ではたらいている人たちの集まりだと答えるかもしれません。法学を離れれば、その答えもアリですが、法学からいうとまちがいです。株式会社のしくみを定めている「会社法」という名称の法律は、会社は、会社に対して「出資」をしている人の集まりと捉えています。「出資」とはお金の出し方の1つで、「会社のビジネスに役立ててもらえるようお金を出すけど、返してもらわなくてもいいよ」というお金の出し方をいいます…ん？　返してもらわなくてもいいとは？？　合理的な行動としては、何の見返りもないのにお金をただ出すだけの人

を考えることはできません。

　株式会社に出資をすると、出資をした人は、出資をした金額に応じた数の「株式」というものを与えられます。簡単に「株」と呼ばれることも多いですね（母・優子は、大村家具の株を持っている）。いわば、出資金と株式を引き換えるわけです。株式を与えられると、出資者は「株主」と呼ばれることになります。出資をする代わりに、その会社の株主になるわけです。返さなくてもいいお金を集められるのですから、会社にとってはありがたい話です。たくさん株主を集めたいということになるでしょう。しかしそれは会社の側の言い分。出資をする人にもうまみがなければ出資をしません。では、株主になると何かいいことがあるのでしょうか。

○ **株主になるとできること**

　株主になるとできることは、大きく分けて3つあります。まず、①優子が言っていたように、株主が集まる会議（株主総会）に参加して意見を表明する、投票をすることができます。株式会社では、その会社のもっとも大事なことがらを株主総会で決めることになっています。「返さなくてもいいよ」といってお金を出している人（出資者つまり株主）が、会社の運命を決めることができるのです。会社の経営者（とりあえず「取締役」といっておきましょう）と呼ばれる人たちは、株主総会で選ばれます。誰を取締役にするのかも株主総会が決めるのです。

　少し話はズレますが、この機会に株主総会の話を3つ（㋐㋑㋒）書いておきましょう。

　㋐なんとなくイメージするような会議とちがって、株主総会という会議は1年に1回しか開かれないのがふつうです。株主は1年

に1回開かれる株主総会に出席して、場合によっては質問したりしながら、最終的には投票をして、その会社における大事なことがらを決めるのです（取締役を選ぶほか、直近の1年間のビジネスの成果を承認したり、あるいは合併を認めるなど）。

㋑株式会社にもいろいろあって、株主が1人しかいないという会社もあれば（厳密には、1人だと人の集まり（団体）とはいえませんが）、たとえばNTT株式会社（通称）にはおよそ80〜90万人の株主がいます。ただ、郵送やインターネットでの投票なども可能なので、実際に株主総会の会場に来る人数としては、1000人も集まれば多いといえましょう。株主が株主総会に出席するかどうかは自由です。サラリーマンが会社の会議に出ないと怒られるのとはちがうのです。

㋒株主総会ではどうやって投票するのでしょうか。みなさんがクラスで文化祭の出し物を決めるときとはちがいます。クラスで投票をするときは、1人1票ですね。つまり頭数の多数決でものごとを決めます。株主総会ではちがうのです。

先ほど、「出資をした金額に応じた数の「株式（または簡単に株）」というものを与えられる」と書きました。いくら出資をするかによって、何株の株主になるかがちがってくるわけです。多額の出資をした人は、その分、多数の株式を与えられます。少額の出資しかしていない人は、少数の株式しか持てません。株主総会では、1人1票ではなく、1株1票です。その会社に対して多くの出資をした人の発言権が大きいのです。多額のお金を会社のビジネスのために出しているのだから、発言権が大きいことは自然ですね。だから、ふつうの株主総会では、少数の株式しか持っていない人の投票は、あまり影響力を持ちません。今回の大村家具の株主総会は、親の側の株主たちと娘の側の株主たち（それぞれ多数の株式を持っている）が

真っ二つだから、少数の株式しか持っていない株主の投票行動が影響してくるわけです。「お母さんみたいな株主がどっちにつくかで決着がつくかもしれないのよ」というわけです。

　株主になるとできること、その②は、配当をもらえることです。会社のビジネスによってもうけが出ていたら、もうけ分からお金の配当を受け取ることができます。ふつう、もうけ分の全部を配当してしまうことはせず、これからのビジネスに使う分も残しておきますが、もうけが出ているのに配当をしないというのでは、「返さなくてもいいよ」といって出資をしている株主は怒るかもしれません。もうけが出たらその分け前にあずかる、ということも出資の目的の１つなのです。もちろん、もうけがなかったら配当はできませんし、株主もあきらめないといけません。しかしともかく、会社がもうけたら、配当をもらえるということも、株主になることのうまみのひとつです。

　株主になるとできること、その③は、自分が持っている株式を他人に売ることです。株式を持っていることで、株主総会に出席したり、配当をもらえたりするわけですから、株式には財産的価値があります。株式という財産を他人に売ることもできるわけです。では、いくらで売れるのでしょう…株価、登場！
　東京証券取引所（略して東証）ということばを聞いたことがありますか。大村家具の株式が東証で取り扱われているとすると、その株式は、毎日毎時毎分毎秒、東証の市場（マーケット）で取引されています。大村家具という会社の価値、ひいて株式の価値がいくらくらいかを計算しているたくさんの会社による評価を中心に、会社経営

のことをあまり分かっていない多くの人たちの売り買いも含めた需要と供給の関係で、大村家具の株式の値段（つまり株価）が決められていきます。毎秒変わっているわけです。

　株式を売り買いしたい人は、証券会社を通じてですが、東証の市場で売買します。株価が安いときに買った株式を、株価が上がったときに売れば、差額分の利益が出ます。少数の株式しか持っていない株主は、株主総会に出ても影響力がないことが多いですから、そんなことより、株価の値上がりを期待してそのとき売るということをねらっている人も多いのです（ただ、優子は「お母さんは大村家具が好きなの！」と言っているところからみると、大村家具を応援する気持ちで株主になっているようでもあり、少々のことでは株式を売らないかもしれません。株主もいろいろです）。

　ちなみに、日経平均株価というのは、東証で取り扱われている株式のうちの225社の株価に一定の操作を加えて算出されています。日本経済の現況・動向（日本の企業が元気かどうか）を測る重要な指標として使われています。一つひとつの会社の株式に株価がつくわけですが、それを総合して、日本経済の元気度を測るために、日経平均株価が使われているわけです。ある会社の将来に対する期待が高まれば、その会社の株式を買おうとする人が多くなり（株価がこれからどんどん上がっていくぞ）、需要と供給との関係からいって株価が上がるはずなので、株価が高いということは将来への期待が大きいということです。そうした会社が多ければ日経平均株価も高くなる（日本の会社は元気だ）ということになるのです。

○ 会社法の主役は株主

　法学では、株式会社というのは、あるビジネス（たとえば家具の製

造・販売）に出資をしようという人たちが集まって株式会社をつくり、取締役を選任して日常の経営をやってもらうけれども、大事なことは株主総会で自分たちが決めるよ、損が出たらしかたがないけどもうけが出たらその分け前にあずかる、というしくみと捉えています。母・優子が実際に大村家具という会社をつくった人の1人でなくてもかまいません。大事なことは、優子が大村家具をつくったかどうかではなく、つくった人と同じ取扱いをされるべきかどうかです。大村家具の株式を市場で買ったのだとしても、やはり株主ですから、会社をつくっている人の一員とされるわけです（あるいは、会社を構成している人、といった方がしっくりくるかもしれません）。

　そのようなしくみにおいては、会社の社長も、株主総会で選ばれてその会社の経営をまかされている取締役（会社と委任契約を結んだ者）の1人にすぎません。また、会社経営の一環として、サラリーマンを雇っていろいろな指示をしてしごとをしてもらうということも含まれています。つまり、サラリーマンは、会社と雇用契約を結んだ者にすぎません。もちろん取締役もサラリーマンも、会社の株式を持てば株主になりますが、ともかく、株主というのは、いわゆる職業ではありません。優子は職業としては病院ではたらいていますが、それとは別に、大村家具の株主ということなのです。

　そういうわけで、株主は「会社の実質的所有者」といわれたりします。所有権というのは、何といっても絶対的な権利ですから、株式会社の運命を決める大事な決定をする株主を所有者と考えることもうなずけます。でも、「実質的」とつくのは、なぜでしょう。それは、法学では、株式会社もまたひとりの人だからです。

■ 株式会社のしくみ（その2）：株式会社もまたひとりの人

　株式会社は株主の集まり（団体）というわけなのですが、その株式会社がまたひとりの人というのはどういうことでしょうか。より法学的な話になっていきます。

　私たちの人間関係は、法学の眼鏡をかけてみてみると、すべて権利と義務の関係になります。人と人とのつながりは、AさんはBさんに対してどういう権利をもっているのか（反面、BさんはAさんに対してどういう義務を負っているのか）という関係であらわされてしまうのです。もちろんふつうは、AさんがBさんにある権利をもっていると、それに対応した権利をBさんがAさんにもっています。たとえば物の売り買いでは、買主Aさんは売主Bさんに、「おれに商品を渡せ」という権利をもつと同時に、Bさんは「おれに代金を渡せ」という権利をもっています。その反面、「あなたに商品を渡します」（Bさん）、「あなたに代金を渡します」（Aさん）という義務があるわけです。なお、人と物（有体物・無体物含めて）との関係もありますが、ここではおいておきます。

　このような権利をもち、また義務を負う主体は、まずは私たち生身の人間です。人間は「おぎゃー！！！」といって生まれてきた瞬間から、生物学の世界だけでなく、法律学の世界でもひとりの人、権利・義務の主体です。そして、法律学では、生身の人間のほかにも、法律関係を簡単に考える目的で、生身の人間の集まり（団体）もまた権利・義務の主体として認めることがあります。法が「人」として認めているという意味で、「法人」といいます。そして、株式会社は「法人」のひとつなのです。

○ **法人であることの意味**

　法人であるということはどういうことなのでしょうか。権利・義務の主体として認められるということは、先に書きました。そのほかにもいくつか意味があり、また法人ならみな同じというわけでもありませんが、ここでは株式会社について、そして次のことだけ書いておきましょう。

　ひとりの人だということは、株式会社とほかの人との関係は、あなたとあなたの友人との関係と同じということです。会社と株主の関係もそうでなければなりません。つまり、株主は株式会社に出資をしても、株式会社の借金に責任を負うことはありません。みなさんが、みなさんの友人の借金を肩代わりするいわれがないのと同じです。株主の財産と株式会社の財産は別であり、お互いの借金に無関係であることが、法人であることの意味の1つです（ただし、法人ならみな同じというわけではないことに注意しておいてください）。優子が大村家具の借金の一部でも払わないといけないというのでは、そもそも株主にならないでしょう。

　次に、何かを決めるときも、株式会社の決定は、株主の決定とは別に、独自に決定されることになりましょう。それが本当にひとり

コラム（株式会社という人はどこにいる？）

　たとえばトヨタ自動車株式会社という会社は、愛知県豊田市に本社があるわけですが、そこで街を闊歩しているわけではありません。本社にあるのは本社ビルであって、建物にすぎません。トヨタ自動車株式会社という会社に、私たちと同じように目があるわけでもなく、耳も手も足も、脳みそもありません。誰も株式会社を見たり、触ったりすることはできません。人間じゃありませんから。なのに、人。私たち生身の人間が、その頭の中で、頭の中だけで、人として認めている存在。あたかもそこに人がいるかのように、みんなが行動している。それが法人です。

の人ということです。ただ、法人というのは実態があるわけではありませんから（コラム参照）、誰かが法人の決定をしなければなりません。株主総会が株式会社のもっとも大事なことがらを決めると書きました。ビジネス上の日常的な決定を株主総会ではできませんから（1年に1回しか決定しませんから）、そういう決定は取締役にまかされます。多くの会社では、さらに取締役の集まりである取締役会という会議で代表取締役を選び（ふつう、社長とか頭取などと呼ばれています）、代表取締役の指揮の下に会社が経営されます。株主が選んで日常的な決定をまかせた取締役たちが、さらに代表取締役を選んでもっと細かな決定をまかせているという意味で、株式会社の決定が株主の意向とまったく別に行われているということでもありません。つまり、株式会社としての決定が、株主から完全に独立した決定というわけでもないわけですが、株式会社は株式会社としての決定をしているともいえます。

このように、法人とされる意味を、株式会社について取り出してみると、株主とは別の権利・義務の主体であること、株主が会社の借金を肩代わりする必要はないこと、株主とは独立して決定をすることにあるといえます。

○ 株主は、なぜ「実質的」所有者か

会社は、法律上、法人であり、ひとりの人ですから、誰かの所有物になることはできません。それでは奴隷です。法律学が奴隷を認めるわけにはいきませんから、会社の所有者はどこにもいないと考えるほかありません。しかし、株主が会社の構成員であり、そのもっとも重要なことがらを決める権限をもち、もうけが出たらその分け前を得られるが、損したら何も得られないという立場にある

(ビジネスのリスクを負っている）ということから、所有者ではないが「実質的には」所有者のような立場にある者として、実質的所有者といわれるのです。究極的には、株式会社は株主（実質的所有者）のために経営されるべきだということになります。

■ 社会における株式会社

　株式会社が株主のために経営されるべきしくみだとしても、それを誤解して、株主が利益を得るためなら何をしてもよいという経営をしてしまったら、社会からの信頼を失ってあっという間につぶれてしまうでしょう。たとえば慈善事業や震災復興活動に寄付をすること自体は会社の財産を減らしますが、社会の評判を高めることでかえって株主の利益に資するかもしれません。ESG でも SDGs でも、社会の動向に沿った活動をしていかなければ、会社の信頼を維持することはむずかしいでしょう。

　会社が本業とするビジネスについても、それ以外の活動でも、日常的な経営は取締役にまかされています。取締役は株主総会で選任された人にすぎませんが、日常的な経営をまかされていることによって、実際には会社全体を取りしきることができます。会社で一番えらいのは社長だ、というイメージです。社長の力が強すぎて会社を私物化し、自分の利益（会社の利益や株主の利益でもなく）のために会社経営を指揮するケースもありました。

　つまり、会社が大きくなればなるほど、本業とするビジネスが社会の役に立ち、ひいて株主の利益になっているか、ビジネス以外の活動としても適切な活動をしているかなど、取締役にまかせっきりにはしておけず、取締役会や代表取締役をチェックすることが重要になってきます。

会社法が用意しているチェック体制にもいろいろありますが、伝統的には、株主総会で取締役のほか「監査役」も選任して、監査役にチェックのための権限を認めるという方法がとられてきました。今でもそのような体制の会社がほとんどですが、監査役は選任しない代わり、取締役会のチェック権限を強化するという会社のあり方も認めています。規模の大きな会社では、公認会計士などの専門家による会計監査も受けなければなりません。

　これらは会社のしくみとしてのチェック体制ですが、会社の活動は広く社会の目にさらされてもいます。長年の不正会計が明らかになって倒産してしまった会社もありますし、不正がなくても、業績悪化が続けば、他の会社に買収される危険もあります。他の会社からもチェックされているのです（これはあわよくば買収してやろうというチェックですが）。業績が悪化すれば株価も下がるという意味では、市場によるチェックもあります。

　メイン・バンクということばを聞いたことがありますか？　かつての日本では、会社のビジネスに使う資金を銀行から借りることがほとんどだったため、その会社の主要な取引銀行（メイン・バンク）が、その会社の経営に目を光らせていました。しかしバブル経済崩壊後、銀行間の合併なども相次いだこともあり、銀行と会社の関係も変化しました。最近では、ある種の多数株主に、チェックの役割を期待するようになってきています。社会が変わっていけば、会社経営に対するチェックを誰に期待するのかも変わってきます。

　株主総会は、今の取締役がおかしなことをやっていればもう選任しないといった決定をすることもできますが、基本的に1年に1回ですから、それだけのチェックでは心もとありません。株式会社は株主（実質的所有者）のために経営されるべきだといっても、会社

の経営は多くの人たちに影響を与えます。会社経営に対するチェックは、社会全体の問題でもあるのです。

　社会全体としてどのようなチェック体制を整え、しかも社会に役立つビジネスが多くの会社で行われるようになるためにはどうすればよいか、永遠の課題です。株主を株式会社の実質的所有者と考えることについても、これまで通りの考えでよいのか、少し見直していく必要があるのかもしれません。そして、このようなことは、法学だけでなく、経営学でも会計学でもその他の学問領域でも問題になるでしょう。

■ エピローグ

> 急に部活が中止になった彩音が早く帰宅すると、弟の康之がテレビをつけっ放しでマンガを読んでいた。彩音がふとテレビに目をやると、夕方のニュースで大村家具の株主総会の話をしていた。
> （ああ、こっちが勝ったんだ。お母さん、どっちに投票したのかな…）
> 彩音が思わずつぶやくと、「え、何のこと？」康之が聞いてきた。
> （康之に分かるかなあ）
> そう思いながらも、彩音は康之に株主総会のしくみなどを話し始めていた…知ったことをひとに分かりやすく話すことで、いっそう頭に定着していきますものね。

　大村家具の株主総会では、親と娘のどちらの側が多数を得たのでしょうか。優子のような少数の株式しか持たない多くの株主も参加したでしょうから、株主たちの意思が反映された結果となったこと

でしょう。その結果が、大村家具や日本の社会にとってよかったかどうかはまだ分かりません。しかし、多数の株式を持った株主だけで決められるよりは、よりよい選択ができたのではないでしょうか。

　株主になることには、出資したお金がパアになってしまうリスクもあります。本章は、みなさん株式会社に出資をしましょう、ということを言いたいわけではないことにお気をつけください。

【ブック・ガイド】

　「商法」や「会社法」といった法律も、社会が生み出し、社会にはたらきかけるものです。法は社会とともにあります。今後の社会にとって不適切な条文は、改正される必要が出てくるでしょう。法を勉強するということは、みなさんそれぞれの社会に対する見方を育んでいくことでもあります。そうした意味で、会社とも法とも直接のかかわりはありませんが、下記1冊目もあげておきました。2冊目も経済学の先生が書かれたものです。3冊目は、以前の会社法を念頭においていますが、その内容は今でも通用します。4冊目は、現在の会社法を項目ごとに見開き2頁で説明したものです。

・内田義彦『社会認識の歩み』（岩波新書、1971年）
・岩井克人『会社はだれのものか』（平凡社、2005年）
・永井和之編『ブリッジブック　商法』（信山社、2002年）
・柴田和史『図で分かる会社法』（日経文庫ビジュアル、2014年）

【研究課題】

　実は、舞台を6月27日・木曜日に設定したことには意味があります。26日でもいいのですが、ともかく6月下旬です。

1990年代には、その株式が東証で取り扱われている会社の90％以上が、同じ日の同じ時刻に株主総会を開催していました（最近はぐっと減りましたが、それでも30％くらいです）。株主総会集中日などといわれます。なぜ6月下旬なのか、なぜ同日同時刻開催だったのか、なぜ最近はその割合が減ってきたのか、それらを調べてみる過程で、さらに株主総会に関するいろいろなことが分かってくるでしょう。

なお、2020年・2021年は、多くの株式会社で、新型コロナウィルス対策のため、オンラインの利用や来場者数の制限などにより、大人数が1つの会場に集まることがないような形で株主総会が開催されました。これは特例でしたが、今後は、株主の利益を損なうことなくオンライン利用の株主総会を開催するためにはどのような規制が必要かといったことも、（コロナとは関係なく）議論されていくでしょう。

筆者のひとりごと

本章のコラムで、法人とは、私たち生身の人間が、その頭の中で、頭の中だけで、人として認めている存在だと書きました。これって、すごいことだと思いませんか？　現実にはどこにも存在していないのに、頭の中では存在しているものとしてみんなが生活している。1人が勝手に妄想しているわけではなく、世の中すべての人が、頭の中で共通に認識している。知らず知らずに「トヨタの車！」とか言うようになっていますが、幼少の頃からどのように認識してきて、今どれだけ会社のことを分かっているのか、人間は不思議ですね。

「社会」だってそうです。人間を生物学的に分析したり、宇宙や深海の不思議を探索するのもおもしろそうですが、なんで契約なんてものがあるんだろう、なんで会社というしくみをつくってきたんだろうといった社会のしくみを知ろうとすること、もっとよいしくみがあるんじゃないかと考えていくこともまた、人間が行っている、おもしろくてまた不思議な営みだと思います。

第8章

働きがいのある人間らしい仕事とは?

雇用社会と法

■ **働くことの意味**

みなさんの大半は高校・大学を卒業したら社会に出て働くことになります。あなたなら、どのような理由で会社を選ぶと思いますか？

　①自分の能力、個性が生かせるから
　②仕事が面白いから
　③技術を覚えられるから
　④会社の将来性
　⑤経営者に魅力を感じたから
　⑥一流会社だから
　⑦どこにも行くところがなく、やむなく
　⑧地理的条件がいいから
　⑨給料が高いから
　⑩グランドや寮など福利厚生施設が充実しているから
　⑪実力主義の会社だから
　⑫労働時間が短く、休日が多いから
　⑬先輩が多いから

公益財団法人日本生産性本部「平成27年度新入社員「働くことの意識」調査報告書」(2015年7月) によると、最も多かった回答は、①で全体の30.9％、以下、②19.2％、③12.3％、④9.1％、⑤6.1％、⑥5.3％、⑦4.1％、⑧3.1％、⑨2.9％、⑩2.5％、⑪2.0％、⑫1.5％、⑬0.9％となっています。みなさんが選んだ「会社選択の理由」と一致していましたか？

これらすべて（⑦を除く）の条件を満たす会社はとても魅力的です。でも、実際にそのような会社に就職することは非常に難しいの

が現実です。結局、たくさんある条件の中から、自分が何を一番重視しているかを考え、その条件をかなえてくれる会社を選ぶことになります。なんだか結婚相手を選ぶのと似ていますね。

　かつて女性が結婚相手に求める条件は、「高収入」「高学歴」「高身長」（いわゆる「三高」）でした。でも今は、「三高」に加えて、価値観や性格が合う、家事・育児・介護にも協力的、浮気をしない、家族や自分の両親を大事にするなど、結婚相手に求めるものは多様化しているようです。これらすべてを満たす男性は素敵ですが、そんな相手を見つけることは難しいですよね。結局、たくさんある条件のなかで、自分が絶対譲れない条件を満たしている相手を捕まえる（？）のが結婚相手選びです（筆者の個人的見解です）。

　それはそうと、大学で労働法を教えている私としては、みなさんが会社を選ぶ際には、⑧⑨⑩⑪⑫にも目を向けて欲しいと思います。みなさんがこの章を読んだ後に、その理由を理解することができると思います。

■ **ワーク・ルール（労働法）を学ぶ意義**
　ここ数年、「ブラック企業」が社会的に問題になっています。ブラック企業でなくとも、20代前半に就職して、退職するまで約40年以上の職業生活において、職場でトラブルなく無事に過ごすことができる人は稀です。むしろ、多くの労働者が、なんらかのトラブルに遭遇することになるでしょう。たとえば、

①毎日、長時間労働で休憩や休日もなく働かされる。
②「時間内に仕事が終わらないのは能力不足」といわれて、残業しても残業代が一切支払われない。

③仕事が忙しくて有給休暇を取得させてもらえない。

④仕事中にケガをしたのに、会社はなんの対応もしてくれない。

⑤セクシュアル・ハラスメント（セクハラ）やパワー・ハラスメント（パワハラ）を受けた。

⑥合理的な理由もなく、些細な理由で解雇される。

など様々です（これらの問題の答えについては、本文を読んでみてください）。では、このようなトラブルに遭遇した時、みなさんはどうしたらよいと思いますか。

(a) 会社を辞める。
(b) 上司に文句をいうと職場の雰囲気が悪くなってしまうので、黙って我慢する。
(c) 職場の仲間と一緒に上司や会社に直接相談する。
(d) 職場の労働組合に加入して、問題解決に協力してもらう。
(e) インターネットで総合労働相談コーナーの窓口を見つけたので、相談してみる。

　職場で労働者が不満の声をあげることは難しいため、仕方なく(a)や(b)を選択する労働者が少なくありません。どの対応が正しくて、どれが間違っている、ということではありませんが、会社を辞めたり、黙って我慢したりする前に、(c)(d)(e)などの方法で相談してみてください。職場の問題は職場内で解決できることが一番望ましいでしょうから、(c)が最も良い方法だと思います。もっとも、それが難しい場合には、(d)や(e)などの方法をおススメします。そして、「自分の権利を自分で守るため」に、みなさんが

自分の頭で考えて判断し、行動することが重要です。

それでは、「自分の権利を守る」ためにはどうすればよいのでしょうか。まずは、みなさんが働く前に「ワーク・ルール（労働法）」を身につけることが必要です。最近問題になっている「ブラックバイト」は、「ワーク・ルール」を知らない学生につけこみ、ルール違反を繰り返す悪質な企業に大きな責任があることはいうまでもありません。しかし、自分の身を自分で守るためには、「ワーク・ルール」を身につけて、実際にルール違反があった場合には、ルールを実現するために自ら行動することが重要なのです。

■ **歴史から学ぶ労働法**

みなさんのなかには、「高校でアルバイトは禁止されていて、働いた経験がないから、『ワーク・ルール』といわれてもよく分からない」という方がいるかもしれませんね。しかし、そんなみなさんも、実はすでに「労働法」の扉を開いているのです。

中学・高校の歴史や政経の教科書・資料集などで、下の絵を見たことはありませんか。右の絵は、狭い炭鉱の坑道で小柄な女性や子

（左）機械を打ちこわす人々　写真提供　Granger／PPS通信社
（右）子どもの炭鉱労働者　写真提供　ユニフォトプレス

どもが石炭を積んだトロッコを体に結び付けて腹ばいになって引いている様子です。左の絵は、機械の改良によって失業した熟練工が、機械や工場に敵意をもち、機械破壊を行っている様子、いわゆる「機械打ちこわし（ラダイト）」です。18世紀半ばにイギリスではじまった産業革命は、資本家に巨万の富をもたらし、労働者に低賃金・長時間労働という過酷な労働条件と劣悪な労働環境のなかで働くことを強いてきました。

このように、生産手段を所有する資本家が労働者を雇用して商品を生産し利潤を追求する資本主義経済の下で、貧富の差が拡大し、労働者の貧困や人格的蔑視、生存の脅威にさらされる悲惨な労働環境が深刻化していました。

この問題に対して、労働者の人間的な生活を確保するために、2つの動きがありました。

■ 労働条件の最低基準の法定化

1つは、労働者保護のために、国家が労働条件の最低基準を法律で定める動きです。すでに第2章で学んだように、社会生活においては、個人は国家の干渉を受けることなく、自己の意思に基づいて自由に契約を締結することができます（契約自由の原則）。しかし、社会的・経済的に強い立場にある使用者と、弱い立場にある労働者との間で、本当に自由な契約を締結することは困難です。そこで、このような労働者を保護するためには、国が介入して「契約自由の原則」を修正する必要があります。それが「労働法」です。

「労働法」とは、労働にかかわる様々な法律の総体です。「労働基準法（以下「労基法」といいます）」「労働組合法」「労働契約法」「最低賃金法」「男女雇用機会均等法」など様々な法律をまとめて「労働

法」と呼んでいます。

たとえば、137頁の①、②と138頁の③については、労基法に規定されています。

労働時間は、1日8時間、1週40時間が原則です（労基法32条）。これを「法定労働時間」といいます。この法定労働時間を超えた場合（いわゆる残業）には、会社は割増賃金（いわゆる残業代）を支払わなければなりません。

会社は、労働時間が6時間を超える場合には少なくとも45分、8時間を超える場合には少なくとも1時間以上の「休憩時間」を与えなければなりません（労基法34条）。

また、会社は、1週間に少なくとも1日、あるいは4週間を通じて4日以上の休日を与えなければなりません。

この他に、労働者は一定期間（最低6ヵ月）働いた場合には、「年次有給休暇」を取得することができます（労基法39条）。

このように法律で労働時間を規制したり、労働者に休憩・休日・有給休暇を与えたりするのはなぜでしょう。考えてみてください。

■ 労働組合の承認と役割

もう1つは、労働者自身が団結して、労働組合とその活動の法的承認を求める動きでした。

実際の職場では労働法が守られていないことがよくあります。社会的に弱い立場に立つ労働者は労働条件に不満をもっていても、使用者と一対一で交渉することは非常に難しいものです。

そこで、労働者が団結して「労働組合」を結成し、使用者と対等な立場で交渉し、より良い条件を獲得していくことが必要です。

日本国憲法28条は、労働者が団結する権利（団結権）、労働者が

使用者と交渉する権利（団体交渉権）、労働者が要求実現のために団体で行動する権利（団体行動権）を保障しています。そして、この権利を具体的に保障する目的で制定されたのが「労働組合法」です。

これまで多くの労働組合は正社員を中心に組織・運営してきました。しかし、最近では、会社内の労働組合でパートや派遣労働者を受け入れる動きも出てきました。また、地域の合同労組（企業や雇用形態に関係なく組織された労働組合）や非正規労働者の労働組合もあります。2015年夏には、アルバイトの高校生が労働組合を結成したことが報じられていました。

■ **働く前に必ず労働条件を確認しましょう**

〔**A君とバイト先のB店長の会話**〕
A君：あの〜、ウェブサイトに書いてある時給と、実際に支払われている時給が違うんですけど…。
B店長：君の賃金は契約書に書いてあるから、よく確認してみてよ。
A君：「ケイヤクショ」ってなんですか？
B店長：えっ、覚えていないの？ 仕事を始める前にバイトの契約を締結したでしょ。そこに労働条件書いてあるから。ちゃんと確認しておいてよ。だから学生はダメなんだよな。

大学で労働法を教えていると、学生からアルバイトの賃金（時給）や労働時間に関するトラブルの相談を受けることがあります。まずは契約時の労働条件を確認するようにアドバイスしますが、「労働条件がどこに書いてあるのか分かりません」という学生が少なくありません。

労働条件決定の仕組み

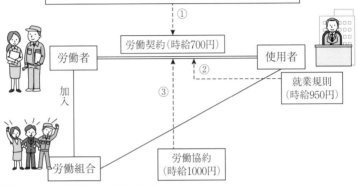

① 法令に違反する労働契約上の合意は無効です。
② 就業規則で定める基準を下回る労働条件を合意しても無効です。
③ 労働協約に違反する労働条件を合意しても無効です。

　みなさんが働くときの労働条件は、「労働契約」「法律(労基法や最低賃金法など)」「就業規則」「労働協約」に書いてあります。

　「労働契約」とは、労働者と使用者が賃金、労働時間などの労働条件について合意した文書です。たとえば、みなさんがアルバイトをする時に、バイト先の会社と労働契約を締結して、時給700円と決めました。

　次に、「労基法」は、賃金や労働時間など労働条件の最低基準(少なくともギリギリこれだけは守らなければならないライン)を定めています。また、「最低賃金法」という法律があり、国によって賃金の最低額が定められています。使用者は労働者に対して、最低賃金以

上の賃金を支払わなければなりません。最低賃金は都道府県ごとに決まっていて、たとえば、今年（平成28年9月30日まで）の東京都の最低賃金は時給907円です。あれっ？　先ほどの「労働契約」（時給700円）より高いですね。

さらに、「就業規則」とは、賃金や労働時間などの労働条件や、職場内の規律（服務規律や懲戒処分）について、使用者が定めた会社のルールブックです。高校の校則のようなものです。多くの人が働く職場では共通のルールが必要です。そのため、実際の職場では、労働条件は就業規則によって決められていることが一般的です。就業規則には、アルバイトの時給は950円と書いてありました。おやっ？　「労働契約」（時給700円）や「最低賃金」（時給907円）よりも高いですね。

最後に、「労働協約」とは、賃金、労働時間などの労働条件や、団体交渉、組合活動などの労使関係のルールについて、労働組合と会社が結ぶ合意文書です。ここにはアルバイトの時給は1000円と書いてありました。「この条件がいい！」誰でもそう思いますよね。

労働契約は時給700円、最低賃金法による東京都の最低賃金は907円、就業規則は950円、労働協約は1000円。いったい自分の賃金はいくらになるの？　その答えは、労働契約、法律、就業規則、労働協約の仕組みを理解する必要があります。法学部の授業でお会いした時に説明しましょう。いずれにしても、まずは、自分の労働条件はどこでどのように決められているのかをしっかり確認しておくことが重要です。

■ 雇用の安定とは？

最近、就職活動でなかなか採用内定をもらえずに、就職活動その

ものを辞めてしまう学生がいます。

> **大学生の娘**：あ〜あ、就活（就職活動のこと）頑張っても内定もらえなくて嫌になっちゃう。もう就活辞めて、バイトでいいかな。
> **母親**：やめてよね。せっかく大学まで出したんだから、ちゃんと就職してよね。

それでは、「ちゃんと就職（する）」ってどういう意味でしょうか。アルバイトでは「ちゃんと就職（する）」ことにならないのでしょうか。みなさんは、働く前に、自分がどのような雇用形態で働くのか（正社員なのかアルバイトなのか）をきちんと確認しておくことが重要です。

一般的に、「正社員」とは、「期間の定めのない雇用契約」で働いている社員のことをいいます。本来、「期間の定めがない」という言葉は、いつまでも（本人が死亡するまで）働くことができることを意味します。しかし、実際には、多くの会社の就業規則に正社員の「定年」（現在多くの企業は65歳定年）が規定されています。したがって、「期間の定めのない雇用契約」とは、労働者が定年まで働くことを約束し、会社が定年まで雇用を保障することを約束する契約ということになります。よく、「正社員は雇用が安定している」といわれますが、それは、「定年まで安心して働くことができる」という意味です。また、正社員は、一般に、月給制で毎月決まった給料（固定給）を手にすることができますし、出世をすることで給料が上昇したり、特別手当が支払われたりするメリットがあります。さらに、正社員は固定給がある＝社会的信用を得やすいことから、住宅や自動車の購入の際に金融機関などからお金を借りやすいというメ

リットもあります。

　これに対して、「非正社員」は、契約社員やパートタイマー、アルバイト、派遣社員のように「期間の定めのある雇用契約」で働いている社員のことをいいます。「期間の定めがある」とは、1カ月、3カ月、6カ月、1年など、働く期間が決められていて、その期間が満了すれば契約は終了する（＝雇用も終了する）ことを意味します。そのため、非正社員は、雇用が不安定で、不景気になると（正社員より先に）クビになりやすいという点が指摘されています。また、非正社員は、正社員に比べて給料が安いこと、出世やキャリアアップの機会が少ないこと、賞与、退職金、企業年金、福利厚生などの制度も十分ではない、などのデメリットがあります。さらに、経済的に安定せず、将来に対する不安を抱えている非正社員（特に若者）は、結婚や出産に踏み切ることができないといった切実な問題を抱えています。

　先ほどの母親と娘の会話に戻ると、「ちゃんと就職する」という言葉をどのように理解するかは人それぞれだと思います。しかし、母親の多くは、子どもが安定した仕事に就いて、自立して、幸せな暮らしができるようになることを望んでいると思います。そのように考えると、「ちゃんと就職（する）」＝「正社員で安定して働く」ことを意味しているのではないでしょうか。「就職する」ということの意味や、「正社員」と「非正社員」の違いについて、家族で話してみるのもよいかもしれませんね。

■ 人間はどこまで働くのか？

　中央大学法学部に入学してまもなく、サークルの仲間と一緒に裁判傍聴に行きました。大手一流企業で働いていた20代前半の女性

が過労で亡くなり、遺族であるご両親が会社の責任を追及する、いわゆる「過労死裁判」でした。「娘はなぜ死ななければならなかったのか」…涙ながらに訴えるご両親の姿が今でも忘れられません。私の労働法への関心はその時に始まりました。

　2014年度に、過労や職場におけるいじめでうつ病などの精神疾患を発症したとして労働災害と認められた人は497人に上り、このうち自殺者（未遂者を含む）は99人で、いずれも過去最多を更新しました。

　労働災害（労災）とは、仕事が原因で労働者がケガをしたり、病気になったり、死亡したりすることをいいます。たとえば、アルバイトで調理中にヤケドをしたとか、自転車でバイト先に向かう途中で交通事故に遭い骨折した等のケースです。

　このように、業務上の災害または通勤上の災害によって負傷したり、病気になったり、障害が残ったり、死亡したという場合に、労働者やその遺族のために、必要な保険給付を行う制度を、「労働者災害補償保険（労災保険）」といいます。労災保険は、本来会社が支払うべき補償を国が代わって行うための保険です。保険料は全額事業主が負担します。労災保険の給付には、医療機関で療養を受けるときの「療養（補償）給付」や、傷病の療養のため労働することができず、賃金を受けられないときの「休業（補償）給付」、障害が残ったときの「障害（補償）給付」などがあります。

　138頁の④については、仕事上のケガは、自分の責任で治療する必要はありません。労災と認定されれば、労災保険から「療養補償」が支給されますし、療養中に働くことができない場合には、「休業補償」を支払ってもらうことができます。

　問題は「過労死」や「過労自殺」のケースです。一般に、「過労

死」とは、長時間労働などによる慢性的な疲労やストレスの蓄積等を原因として、脳出血・脳梗塞や心筋梗塞などを発症して突然死することをいいます。また、「過労自殺」とは、そのような労働の結果、うつ病などに罹患して、自殺することをいいます。この場合、死亡の原因が過労によるのか、本人の基礎疾患によるのか、また、自殺の原因が過労によるストレスが原因なのか、労働者の個人的な悩みによるものなのか、明らかでないことが多いので、労災と認められるか否かの判断をすることが非常に困難です。そこで、過労死や過労自殺は、特別な行政解釈にもとづいて、労働災害の認定を行います。過労死や過労自殺が労働災害と認定されれば、「療養補償」「休業補償」「障害補償」などが支給されます。

また、使用者は、労働者の生命、身体、健康などを危険から守るよう配慮すべき義務（安全配慮義務）を負っています。したがって、過労死や過労自殺により死亡した労働者の遺族は、使用者に安全配慮義務違反がある場合には、損害賠償も請求することができます。

■ コラム (『モダン・タイムス (Modern Times)』(1936年))

製鉄工場で働く労働者（チャーリー）が、ベルトコンベアーで流れてくる部品のネジを必死に締めていくという単純作業を繰り返していた。社長はモニターで工場内を監視し、生産性アップのためにベルトコンベアーのスピードアップを命じるが、このスピードについていけないチャーリーは機械に飲み込まれ、その内部の巨大な歯車の間に挟まれてしまう。精神を病んでしまったチャーリーは、まるい円盤状の物を見ると何でもネジに見えてしまい、反射的に締めようとする。結局、病院に送られ、工場は首になる…。

チャーリー・チャップリンが監督・脚本・主演等を担当したアメリカの喜劇映画です。モニターによる職場の監視、行き過ぎた生産性の追求、労働者の機械化と、それによる人間性の喪失など、資本主義や機械文明を痛烈に風刺しています。

たとえば、長時間・過重労働の結果、うつ病を発症して自殺した労働者の両親が、会社に対して損害賠償訴訟を提訴した事案で、最高裁判所は、「使用者は、その雇用する労働者に従事させる業務を定めてこれを管理するに際し、業務の遂行に伴う疲労や心理的負荷等が過度に蓄積して労働者の心身の健康を損なうことがないよう注意する義務を負う」と述べて、会社に対して、使用者としての注意義務違反による賠償責任を認定しました（電通事件・最高裁平成12年3月24日判決。なお、差戻審で、会社が遺族に対し、1億6800万円を支払うことで和解が成立）。

　また、最近では、居酒屋チェーン「ワタミ」の子会社の正社員だったAさん（当時26歳。入社2カ月）が過労自殺したのは会社側の責任だとして、遺族がワタミや創業者に損害賠償約1億5000万円を求めた訴訟が注目されていました。2015年12月8日、東京地裁で、Aさんの死亡と過重な業務の因果関係を全面的に認めて謝罪し、1億3000万円の損害賠償を支払うとともに、労働時間の正確な把握などの再発防止策を取ること等を盛り込んだ和解が成立しました。

■ 労働者の人格権

　2008年大学入試センター試験の問題文のなかに、「…職場における人権の尊重という観点から、いじめやセクシュアル・ハラスメント（セクハラ）についても司法や行政は厳しい対応を示している。」という一文がありました。

　「セクハラ」とは、「職場で行われる相手方の意に反する性的な言動」と定義づけられています（男女雇用機会均等法11条）。セクハラには、「対価型ハラスメント」（事業主が性的な関係を要求したが拒否されたので解雇する、人事考課などを条件に性的な関係を求めるなど）と、「環境

型ハラスメント」(性的な話題をしばしば口にする、恋愛経験を執拗に尋ねる、私生活に関する噂などを意図的に流布するなど)の2種類があります。

「いじめ」や「パワハラ」については、法律上、明確な定義はありませんが、一般的には、「職務上の地位や人間関係などの職場内の優位性を背景に、精神的・身体的苦痛を与えたり、職場環境を悪化させたりする行為」をいいます。

セクハラやパワハラの加害者は、被害者の尊厳や名誉を傷つけ、被害者の人格権を侵害したとして、損害賠償責任を負うことがあります。また、セクハラの場合には、強姦罪や強制わいせつ罪、傷害罪や名誉毀損罪などに問われることもあります。また、パワハラの場合には、身体的な攻撃(胸ぐらを掴んだり、髪を引っ張ったりするなど)があった場合は、暴行罪や傷害罪に問われることがありますし、侮辱・ひどい暴言など精神的な攻撃(人前で大声で叱責する、人格を否定されるようなことをいわれるなど)があった場合には、名誉棄損罪に問われることがあります。

セクハラやパワハラについては、加害者だけではなく、会社も(直接の加害者ではなくても)責任が問われることがあります。たとえば、会社は、セクハラやパワハラによって従業員のプライバシーや人格が侵害されないように、職場の環境を整備する義務を負っています。会社がこの義務に違反した場合には、損害賠償を請求されることがあります。

また、いじめによる精神障害の結果、自殺したと認定された事案で、使用者にはいじめを認識して制止し、適切な措置をとるべき義務があったとして、使用者に安全配慮義務違反を認めた判決もあります(川崎市水道局事件・横浜地裁川崎支部平成14年6月27日判決。誠昇会北本共済病院事件・さいたま地裁平成16年9月24日判決)。

セクハラやパワハラについては、起こった後の事後的対応ではなく、労使ともに協力してハラスメントが起こらない職場環境づくりをすることが重要であることはいうまでもありません。

■ 能力不足を理由とする解雇は可能か？──解雇のルール

〔ある会社の社長からの相談〕
　営業担当として2年前に採用したA君は、初歩的なミスを繰り返して、上司に注意されることも多く、また、彼の業務に関して、顧客から会社に対して苦情が寄せられることもしばしばあります。A君の勤務成績査定は低く、5段階の人事評価では2年連続で最下位区分（全体の5％）でした。わが社の「就業規則」には、「労働能率が劣り、向上の見込みがない」場合に、労働者を「解雇」することができる旨規定しています。A君は給料に見合った仕事をしてくれないので、「能力不足」を理由に解雇して、もっと仕事ができる人を採用したいと思います。問題ないですよね。

かつては「安定した職業」といわれた公務員でも、今や、能力不足を理由に分限免職（民間の解雇にあたる）される時代です（「能力不足」で大阪市職員を「解雇」。職員条例で初めて（朝日新聞2015年9月30日デジタル版））。営利を追求する民間企業の経営者なら、なおさら、「使えない」労働者をどんどん切り捨てようとするでしょうね。でも、解雇は労働者の生活基盤を失わせる重大な結果をもたらすものです。そのため、労働者の保護の観点から、法律上、解雇のルールが規定されています。

民法の規定では、使用者は2週間前の予告で労働者を解雇することができます。しかし、解雇が労働者の生活に与える影響が極めて大きいことから、労基法や男女雇用機会均等法などの法律は、特別な事情がある場合に、次のように解雇を制限する規定をおいています。

【労働基準法】
・業務上の傷病による休業期間及びその後30日間の解雇（19条）
・産前産後の休業期間及びその後30日間の解雇（19条）
・国籍、信条等を理由とする解雇（3条）
・監督機関への申告を理由とする解雇（104条）
・30日前の解雇予告あるいは30日以上の平均賃金（解雇予告手当）の支払い（20条）

【男女雇用機会均等法】
・解雇について女性であることを理由として男性と差別的に取り扱いをすること（8条）
・女性労働者が婚姻し、妊娠し、出産し、または産前産後休業したことを理由とする解雇（9条）

【育児・介護休業法】
・労働者が休業申出をし、または育児休業や介護休業をしたことを理由とする解雇（10条・16条）

【労働組合法】
・労働組合の組合員であること等を理由とする解雇（7条）

また、このような特別な事情がない場合でも、使用者はいつでも自由に労働者を解雇できるわけではありません。使用者は、解雇が「客観的に合理的な理由」を欠き、「社会通念上相当」と認められない場合は、労働者を辞めさせることはできません（労働契約法16条）。

　解雇の「客観的に合理的な理由」としては、「労働者の傷病による労働能力の喪失・低下」や「能力不足・適格性の欠如」などがあります。これらの理由に該当する場合でも、解雇が社会通念（社会一般で受け入れられている常識や見解）からみて相当なものかどうかを判断することになります。

　したがって、138頁の⑥のように、些細な理由で、会社は労働者を解雇することはできません。

　では、「能力不足」は些細なことといえるでしょうか。A君の会社の就業規則では、能力不足を解雇事由として規定しています。A君の仕事上のミスや低査定は、解雇の合理的理由といえるでしょうか。また、社会通念からみてA君の解雇は相当なものといえるでしょうか。考えてみてください。ちなみに、裁判所は、能力不足を理由とする解雇の場合、使用者に対して、解雇を回避するために、教育訓練や配置転換などによって労働者の能力向上を図るための努力を求めています（セガ・エンタープライゼス事件・東京地裁平成11年10月15日決定）。

■「ワーク・ライフ・バランス」と「ディーセント・ワーク」

　この章では、「ブラック企業」「過労死・過労自殺」「セクハラ・パワハラ」「解雇」など、若いみなさんに対して将来に不安を抱かせるような話ばかりしてしまいました。そこで、最後に、そのような問題を克服する方法として、「ワーク・ライフ・バランス」と

「ディーセント・ワーク」についてお話ししたいと思います。

みなさんは「ワーク・ライフ・バランス」や「ディーセント・ワーク」という言葉を聞いたことはありますか？

「ワーク・ライフ・バランス」とは、「ワーク」(仕事)と「ライフ」(子育てや介護、趣味や学習、休養や地域活動等の仕事以外の生活)の調和がとれ、その両立が充実している状態をいいます。労働者は会社で働くだけでなく、一歩会社を出れば、生活人であり家庭人です。「ワーク」だけでなく、「ライフ」の充実はとても重要です。

でも、実際には、長時間・過重労働による心身の疲労から健康を害したり、仕事と子育ての両立ができないなどの理由で、多くの労働者が「ワーク・ライフ・バランス」を実現できない状態にあります。実は、今、私は、子どもを寝かしつけてから、真夜中に起き出してこの原稿を書いています。「ワーク・ライフ・バランス」について書いているのに、自分は「ワーク・ファミリー・コンフリクト」(職業上の役割と家庭における役割の両立がうまくできずに生じる葛藤)という矛盾に直面しています。

誰もが「ワーク・ライフ・バランス」を実現するためには何が必要でしょうか。たとえば、育児や両親の介護のために仕事を休むことができる、私生活の時間を確保するために残業をなくす(減らす)、正社員だけれど1日6時間くらいの短い時間で働くことができる、出退勤の時間を労働者自身が自由に決めることができる、会社に出勤せずに自宅で働く(在宅勤務やサテライト・オフィスなど)などが考えられます。みなさんも将来自分が働く時のことを想像して、「ワーク・ライフ・バランス」には何が必要かを考えてみてください。若いみなさんの柔軟な頭で考えれば、今までにない魅力的な働き方を見つけることができると思いますよ。

また、最近、雇用や労働の分野で、「ディーセント・ワーク（decent work）」という言葉をよく耳にします。もともと「ディーセント・ワーク」という言葉は、1999年の第87回ILO総会に提出された事務局長ファン・ソマビア氏の報告において初めて用いられたものです。

　「ディーセント・ワーク」は直訳すると、「きちんとした（まともな）仕事」という意味で、日本では一般に、「働きがいのある人間らしい仕事」と訳されています。でも、その内容は明確ではありません。学生に聞いてみると、「安定した雇用と生活可能な収入が確保される仕事」、「残業や休日労働がない仕事」、「セクハラやパワハラのない職場環境で働くこと」、「プライベートと仕事を両立できる働き方」、「自分の能力や才能を発揮できる仕事」など、実にさまざまな答えが返ってきました。結局、「ディーセント・ワーク（＝働きがいのある人間らしい仕事）」の内容は、経済・雇用状況の変動のなかで労働者がおかれた状況や、労働者の価値観・人生観によって異なるものなのかもしれません。

　「ディーセント・ワーク」を実現するためには、労働時間、賃金、休日・休暇、仕事の内容、労働環境・職場環境など労働条件の改善が必要です。この章のテーマである「労働法」が果たすべき役割は今後ますます重要になると思います。

■ 最後に──労働法の扉を開く

　労働法に初めて出会う高校生のみなさんのために、この章では、歴史、映画、新聞記事、身近な問題、ブラックバイトの相談事例など、様々な視点から説明してみました。残念ながら、労働法に興味・関心をもつことができなかったというみなさんも安心してくだ

さい。労働法の学び方は様々です。

たとえば、「政治」に関心があるみなさんは、政治と労働の関係から労働法に接近してみたらいかがでしょうか。政治と労働は切り離せない関係にあります（宮本太郎責任編集『政治の発見 第2巻 働く―雇用と社会保障の政治学』（風行社、2011年）参照）。現在、政府は「一億総活躍社会」の重点指標として、「出生率1.8」と「介護離職ゼロ」を打ち出しています（読売新聞2016年1月12日朝刊3面）。これを達成するために政治は何をすべきでしょうか。

また、「国際派」のみなさんは、グローバル企業と労働問題から労働法に接近することをおススメします。2015年1月、国際人権NGO「ヒューマンライツ・ナウ」（HRN）は、香港を拠点とするNGO「Students & Scholars Against Corporate Misbehaviour（略称SACOM）」及びLabour Action China（LAC）と共同で、「中国国内ユニクロ下請け工場における労働環境調査報告書」を発表しました。この報告書によって、ユニクロの中国下請け工場の悲惨な労働実態が明らかになりました。国際的な視点から労働法を学ぶことは今後ますます重要になってくると思います。

【ブックガイド】

・角田邦重・山田省三編『労働法解体新書』（法律文化社、第4版、2015年）
・水町勇一郎『労働法入門』（岩波新書、2011年）
・宮里邦雄・川人博・井上幸夫『就活前に読む―会社の現実とワークルール』（旬報社、2011年）

【研究課題】

「自動車免許を取得するためには、道路交通法などの関連法規の知識が不可欠のように、会社で仕事をするためにはワークルール（労働法）の知識が必要です。でも実際には、あまりにも知らなすぎます。学校でも、公民や政経で労働法を知識として学んだとしても、その知識を使えるようには教えていません。」（道幸哲也『教室で学ぶワークルール』（旬報社、2012年）より）。

❶実際の職場では、どんなことが問題になっているでしょうか（現代の労働問題を知る）。

❷その問題を解決するために、どんな「ワークルール」があるか調べてみましょう。

❸「ワークルール」がない場合に、裁判所はどのように解決しているか調べてみましょう。

筆者のひとりごと

　童謡「おつかいありさん」のアリは働き者です。また、イソップ童話の「アリとキリギリス」に登場するアリも働き者です。私たちが知っているアリは働き者のイメージではないでしょうか。

　ところで、長谷川英祐『働かないアリに意義がある』（メディアファクトリー新書、2010年）によると、「働かないアリ」がいるそうです。働かないアリだけで集団を作ると、やがて90％が働き始める。逆に、働くアリだけを集めてみると、そのうち10％は働かなくなってしまうそうです。つまり、結局、常に全体の10％は働かないアリが現れるそうです。会社も、働かない労働者10％を解雇して、新たに優秀な労働者を追加投入しても、結局10％は「働かない＝能力不足」と評価」されてしまうのでしょうか。

第 9 章

山本君、
ケガしたってよ

損害の賠償責任

■ **事件発生！**

〔**放課後…C高校敷地内の野球グランドで**〕

直人（野球部員）：お〜い、浩二。部活始まる前に、少しバッティング練習やりたいから、投げてくれよ。

浩二（野球部員）：え〜っ。この前のミーティングで、コバセン（小林先生。物理の教師。野球部顧問）が、「危ないから、全体練習始まる前に、勝手にバッティングするな。」って説教してたじゃん。見つかったらヤバくね？

直人：大丈夫だって。ほんの15分くらいでいいからさ！

和美（野球部マネージャー）：なになに。二人で個人練習？ 頑張って！ 応援してる！ 私も、すぐにグランド行くから。

浩二：〔**心の声**：おっ、和美の前で、かっこいいところ見せるチャンス！ 直人を空振りさせたりしたら…ムフ〕じゃあ、やるか。

直人：〔**心の声**：和美のさっきの励ましは、浩二じゃなくて、オレに対してだよね！ テンションあがるわ〜〕よし、行こう。

・・・・・・・・・・・・・・・・

ところが事件が起こります。浩二が投げたカーブを打ち損ねた直人のボールが、グランドを越え、下校しようとしていた山本君（天文部）の額を直撃！ 救急車を呼ぶハメに…。不幸中の幸いで、命に別状はなかったものの、5針を縫う大けがとなってしまい、治療費が30万円かかってしまいました…。

さて、ここで、みなさんに問題です。山本君の治療にかかった30万円の最終的な負担を、法的には誰が負うと思いますか？ み

なさんの直感で、次の中から選んでください（複数回答可）。

 (a) ボーっと歩いていた山本君（および山本君の両親）
 (b) ファールボールを打った直人
 (c) 直人の両親
 (d) カーブを投げた浩二
 (e) 頑張って！　なんて気軽に言ってしまった和美
 (f) 野球部員全員
 (g) 昔は野球小僧だった野球部顧問の小林先生
 (h) 事故の舞台となったＣ高校
 (i) その他

　私たちは、時々、事故に巻き込まれます。確かに普段は、平和に暮らしているかもしれません。しかし私たちの周りには、実は、様々な危険（リスク）が潜んでいるのです。そして、それが時に顕在化します。交通事故、けんか、盗難、盗撮、いじめ…。もしかしたら、被害者としてだけでなく、予期せず加害者となってしまうかもしれません。そしてその際に、何らかの損害（けがをする、財産を失う、精神的ショックを受けるなど）が発生することもあります。では、発生した損害を誰が負担するのでしょうか。本章では、「顕在化した損害を誰が負担するのか」をテーマに、法の世界を少し覗いてみることにしましょう。

■ 直人は責任を負うのか？──一般的な不法行為責任

　みなさんの中には、浩二を個人練習に誘い、実際に山本君にボールをぶつけて怪我を負わせてしまった直人に責任を負わせるべき

だ、と考える人が多いかもしれません。これに関し、民法には、次のような規定があります。

【民法709条】
　　故意又は過失によって他人の権利又は法律上保護される利益を侵害した者は、これによって生じた損害を賠償する責任を負う。

実は、この条文は、日本の民事裁判において、一番用いられている条文ともいわれている、重要な条文です。内容は非常に簡潔であり、おそらく、法学を専門的に学んでいない人でも十分理解できる内容だと思いますが、ここで注目してもらいたいのが、「故意又は過失によって」という文言です。これは、次の2つの意味を含んでいます。

　まず、「故意又は過失」ですから、「故意」か「過失」のどちらかがあれば、賠償責任を負うということです。責任を問われた直人は、「わざと（＝故意で）やったんじゃないんだ！」というかもしれません。しかし、わざとでなくても、直人に「過失」が認められるのであれば、やはり民法上の責任を負わなければならないのです。ちなみに、「過失」とは、不注意のことを意味します。結果を予測できるのに、それを回避する義務を怠れば、そこに「過失」が認められます。刑法の世界では、「故意」がないと犯罪にならないものがありますが、民法709条で賠償責任を問うためには、故意または過失のいずれかが認められればよいのです。

　もう1つ、これを反対からいえば、「故意又は過失」がないと、賠償責任には問われないということです。これを「過失責任主義」といいます。そもそも、近代以前は、「損害が生じたのは、この人

（の行為）が原因だ！」という関係さえ認められれば、故意や過失の有無に関係なく、原因となった人が責任を負うという考え方が有力でした。しかしそれでは、私たちの行動は委縮してしまい、積極的な社会・経済活動をすることができなくなってしまいます。そこで、明治期の民法典編纂の時に、過失責任主義が採用されたのです。過失がなければ責任を負わなくてよいということにして、私たちの活動の自由を最大限に保障しています。

　結局、直人に賠償責任が認められるかどうかは、直人に「過失」があったかどうかにかかってくるのです。もし直人に「過失」が認められない場合は？　その場合には、不幸な事故であっても、被害者である山本君自身が、治療費を負担しなければなりません。

■ 浩二や和美は責任を負うのか？──共同不法行為責任

　さて、みなさんは、高校生活の中で、先生から、「お前たち、連帯責任だ！」などと怒られたことはありませんか？　今回の事件でも、直人だけではなく、「和美にかっこいいところを見せようと思って力んで投げた浩二にも、責任があるのでは？」と思ったり、「妄想が膨らむ男子生徒に、不用意に優しい言葉をかけてしまった和美にも責任があるのだ！」と思ったりした人はいませんか？　さらに、「このような自主練習を許してしまった野球部全体が悪い。部員みんなの責任だ！」と捉える人もいるかもしれません。実は、民法には、こんな規定があります。

【民法719条1項前段】
　　数人が共同の不法行為によって他人に損害を加えたときは、各自が連帯してその損害を賠償する責任を負う。

まさに、連帯責任の規定です。集団でのいじめ、公害問題、詐欺グループに対する責任追及など、様々な場面で登場する条文です。ところで、ここでいう「連帯」責任とは、どういうものでしょうか。不法行為者の各々が、全損害を被害者に賠償しなければならない責任を負っているということです。ですから、極端にいえば、被害者は、賠償してくれそうな人だけにターゲットを絞って、全額を請求すればよいのです。

たとえば、直人・浩二・和美の3人に共同関係が認められたとしましょう。そして、山本君が、一番お金持ちの和美に対して、30万円全額請求したとします。その場合に和美は、「私がぶつけたわけじゃない」とか、「私の責任分は3分の1（10万円）だから、残りは他の2人から払ってもらって！」とは言えないのです。それだけ、加害者には大変な規定ですが、被害者の救済には役立つ制度、これが「連帯」責任です。

ただし、この規定を適用するためには、「共同」関係がなくてはいけません。では、「共同」とは何でしょうか？　抽象的な言葉ですよね…。実は、この問題は、とても難しい問題です（専門的な研究書として、前田達明・原田剛『共同不法行為法論』（成文堂、2012年））。「共同」の範囲が広ければ広いほど、被害者救済になります。しかしそれは同時に、加害者に重たい責任を負わせることにつながります。

たとえば、自転車事故で死に至るおそれのある重傷を負った子が、病院に緊急搬送されたのですが、その病院の医師のミスによって、最終的に死亡してしまったという事件がありました。その際に、最高裁は、運転行為（自転車事故）と医療行為（医療ミス）の間に、「共同」関係を認めています（最高裁平成13年3月13日判決）。すなわち、被害者（被害者の遺族）は、自転車事故を起こした人にも、

医者(病院)にも、被害者の被った全損害について責任を問うことができるというのです。見ず知らずの二者なのに「共同」？　しかし、時間的には連続した一連の事故ともいえそうですが…。

　さて、みなさんならば、浩二や和美にも「共同」関係を認めて、責任を負わせるべきだと思いますか？

■ 直人の両親は責任を負うのか？──監督義務者の責任

　次に、直人の両親に目を向けてみましょう。

　確かに、直人の両親は、直接的に加害行為(山本君に怪我を負わせるような行為)をしたわけではありません。しかし、直人を監督する立場にある者です。

　これに関し、民法714条は、「監督義務者」の責任を規定しています。もしこの規定の適用があれば、自分自身が不法行為をしていなくても、直人の両親は、賠償責任に問われる可能性があります。

　ただし、注意したいのは、この監督義務者の責任は、加害行為を行った本人(直人)に「責任能力」がない場合に限定されたものだということです。実際に不法行為を行った者に責任能力がないために、被害者が加害者に責任を問えない場合に、被害者救済のために、代わりに、監督義務者に責任を負わせるという趣旨の規定です(正確には、本条の立法趣旨について学説上で争いがありますが、ここでは触れません)。

　ちなみに、責任能力とは、「自己の行為の責任を弁識するに足りる知能」を意味します。何歳という具体的な定めはありませんので、ケース・バイ・ケースなのですが、12歳くらいが1つの目安と考えられています。他方、成年(20歳以上)であっても、精神上の障害などによって責任能力が認められない場合もあります。

では、今回のケースはどうでしょうか。直人は高校生。だとすると、通常であれば責任能力が認められます。したがって、直人の両親が、たとえ直人の保護者であっても、直ちにそれだけで責任に問われるということはなさそうです。

■ コラム（3歳の子どもに損害賠償責任？）

アメリカのアイオワ州で起きた事件です。3歳1カ月になる男の子が、三輪車で通行人にぶつかり、その通行人がアキレス腱にけがをしたため、その被害者女性が、3歳の子と、その両親を訴えました。さて、最高裁は、結論的には、原告敗訴（被害者の損害賠償を認めない）としたのですが、その判決の内容には、日本と対比をした場合に、いくつか注目に値することが含まれています。

まず、被害者が3歳の子どもを被告として訴えたということ、そして、裁判所も、3歳の子どもでも責任があることを前提に判断をしているという点です。日本では、おそらく間違いなく、責任能力がないと判断されます（したがって、3歳の子どもが被告となることは、まずありません）が、アメリカでは、そのような子にも責任能力を認めたうえで、「同様の年齢の子どもなりの注意を払っていたかどうか」ということが審理の対象になっているのです。この点、アメリカでは、子どもなりに、社会の一員としての責任を求められているように私には感じられます。

また、両親の責任にも、注目しておきましょう。先ほど説明したとおり、日本では、714条で処理されることになりますが、同条における監督義務者の責任の判断は非常に厳しく、責任能力のない子どもが事故を起こした以上、親が責任を免れる場面は限られています。しかし、アメリカの本判決は、三輪車を買い与えたことや、それを使って遊ばせていたこと、さらには、ベビー・シッターに十分注意をしていなかったことだけでは、両親に過失があるとはいえないと判断しています。親の責任の広さについて、ある程度の違いがあるように感じられます（ただし、日本においても最高裁平成27年4月9日判決は、親の責任を否定しました）。

三輪車事件について、日本法との対比も含めて、詳しく知りたければ、樋口範雄『はじめてのアメリカ法』（有斐閣、補訂版、2013年）92頁以下を読んでみてください。レベルは高いですが、高校生でも、十分に読める内容です。

ただし、どんな場合でも両親は責任を負わないのかというと、そうではありません。独自に民法709条の責任を追及される可能性は残されています。これは、民法714条のように「他人（加害者）の代わりに、責任を負う」ではなく、「自分の監督義務に落ち度があったこと自体が、自分自身の責任」と捉えられる場合です。実際に、小遣銭欲しさに殺人を犯した中学3年生（当時15歳11ヵ月。したがって、責任能力があります）の両親に対して、民法709条に基づく不法行為が成立するとした最高裁判例（最高裁昭和49年3月22日判決）があります。

このような監督義務者の責任は、近時では、高齢社会の観点からも注目されています。最近、アルツハイマー型認知症の老人（91歳）が、線路内に立ち入り、列車にはねられ死亡した事故に関し、鉄道会社が、列車に遅れが生じるなどの損害を被ったとして、遺族に対して、民法714条および709条を根拠として損害賠償を求めた事件がありました。この事件は、マスコミなどの報道によって取り上げられて注目されました（最高裁平成28年3月1日判決によって、最終的に、遺族の責任は否定されましたが、その第1審である名古屋地裁判決では、本人（死亡した老人）には責任能力がないことを前提として、その長男や老齢の配偶者に対して義務違反が認められ、また、控訴審である大阪高裁判でも、老齢の配偶者の責任が認められました）。

■ C高校は責任を負うのか？――使用者責任、国の責任

さらに、学校側（小林先生やC高校）の責任について考えてみましょう。

「学校で起きた事故なのだから、学校側にも責任があるのでは？」と考えた人もいるかもしれませんね。実は、学校で起こった事故

（その種類には様々なものがありますが、『学校における体育活動中の事故防止について』（文部科学省、平成24年7月報告書）によると、高等学校における事故発生状況は、6割以上が運動部活動における事故となっているようです）に関し、学校側が訴えられるというのが後を絶ちません（近時の判例をまとめたものとして、坂東司朗・羽成守編『判例ハンドブック　学校事故』（青林書院、2015年）参照）。

　まず、教師は、学校における教育活動（およびこれと密接な関係にある活動）において、そこから生ずるおそれのある危険から、生徒を保護すべき注意義務を負っています。授業中、特別活動、部活動などの場面ごとに、様々な内容の具体的な注意義務が想定されます。もちろん、日常的に行われる一般的な説諭（いわゆる「お説教」）だけでは、十分ではありません。教師に、注意義務違反となる事実があれば、損害賠償責任に問われることとなります。

　また、教師個人だけではなく、学校自体（学校設置者。学校教育法2条1項）が責任に問われることも考えられます。私立学校であれば、民法715条、国公立学校であれば、国家賠償法1条などが法的根拠となります。学校は、生徒が安心して学ぶことができる場でなければならず、そのための安全を確保することは、学校に課せられた基本的な責務なのです（ちなみに、国家賠償法によれば、国公立学校では、教師個人は直接的な責任を負わず、学校設置者である国や地方公共団体が責任を負うこととなっています）。

■ 損害賠償で被害者は救済されるのか？

　さて、ここまでの説明で、いろいろな人に賠償責任の可能性があることがわかったと思いますが、これは、法がそのような賠償責任を用意すれば、被害者が常に救済されるということを意味している

わけではありません。たしかに、今回のケースでは、山本君に発生した損害額が30万円ですから、誰が払うにしても、絶対に払えないという額ではないかもしれません。しかし、賠償額が数千万円に上ったらどうでしょうか。次の新聞記事を見てください。

> 「勝訴しても、プラスに思ったことなんて一つもなかった」。女性の夫のA(66)さんは神戸市北区の自宅で淡々と語った。おむつの交換や食事の世話。妻の容体が上向く見通しがないまま、早朝から深夜までほとんど1人で介護する生活が続く。／2008年9月22日。妻は当時小学5年の少年が時速20〜30キロで運転するマウンテンバイクにはねられ、脳に重い障害が残った。昨年7月の一審判決は母親の監督責任を認め、約9500万円の支払いを命令。同11月の大阪高裁もほぼ同額の賠償を命じて、判決は確定した。／だが加害者側からは音沙汰がないまま今年3月、神戸地裁から通知書が届いた。母親の申し立てに基づき、破産手続きを開始したが債権者に分配できる財産はないと書かれていた。(朝日新聞2015年4月17日朝刊神戸27面。筆者にて氏名等の字句一部変更)

つまり、法的には賠償請求できる立場であったとしても、加害者に支払える資力がなければ、被害者は実質的に賠償を求めることはできないのです。この新聞の事件では、加害者の家庭が9500万円もの多額の賠償ができないため、破産手続が申立てられました。加害者が破産してしまったら、もはや、被害者が賠償を請求する術はなくなります。

■「保険」という存在

では、被害者を救済する手段は、他にないのでしょうか。冒頭の問いに対して、「(i) その他」を選択した人はいますか？ その内容は？

そのリスクが多くの人に起こり得る可能性があるのならば、たとえば、「保険」という制度が、損害賠償の代わりとなるかもしれません。

みなさんも、「生命保険」、「傷害保険」、「火災保険」といったものを聞いたことがあると思います。そもそも保険とは、私たちが生活していくうえで、ある程度の確率で起こりうる大きなリスクを多くの人たちが共有している場合に、その人たちがお金を出し合って共同の資金備蓄を行い、もしその少ない確率の事故にあってしまった人がいた場合には、その備蓄から支払いを受けるという形で不測の事態に備える制度のことを意味します。

たとえば、0.1％（1000人に1人）の確率で生じる損害総額1000万円の事故があったとします。この場合、その事故を起こしてしまった人が損害総額1000万円を全て負担するということも考えられます。そもそも、事故の確率は0.1％ですから、それほど高い確率ではありません。しかし、反対にいえば、必ず誰かが事故と向き合うわけです。そして、その時の負担については、他者の負担はゼロだけれど、事故を起こしてしまった本人は、1000万円という大きな負担を負うことになります。これに関し、もし1000人が、自分にも起こる可能性のある事故のために、予め1万円ずつ負担し合っておけばどうでしょうか。この場合、事故にあわない人も含めて全ての人が少しずつ負担はしなければなりませんが、その代わりに、事故が起きたらそれを使うことによって、事故を起こしてしまった人

は大きな負担を負わなくてよくなります。このような、リスクの分散が、「保険」という制度によって可能となるのです。被害者であっても、加害者であっても、保険に入っていれば、そこから賠償金が支払われる可能性があるのです。

　なお、学校事故の場合には、特に、独立行政法人日本スポーツ振興センターが行っている「災害共済給付制度」などが重要な役割を担っています（「共済」と「保険」は異なる制度ですが、機能は類似しています）。それによれば、児童生徒等が事故にあって負傷し、5000円以上の医療費がかかった場合には、医療給付を受けることができます。同センターの報告書によれば、2016年度の学校災害（負傷・疾病）の発生件数は108万8487件（発生率：6.47％）、死亡見舞金51件、障害見舞金409件となっています。

■ コラム（1200億円の損害賠償？）

　この章のテーマとの関係で、ハリウッド映画『訴訟─CLASS ACTION』（1991年。ジーン・ハックマン主演）と『エリン・ブロコビッチ』（2000年。ジュリア・ロバーツ主演）を、ぜひ、見てみてください。どちらも、大手企業（『訴訟』では、アルゴ社という自動車会社。『エリン・ブロコビッチ』では、PG＆E社という電力・ガス会社）を相手に、市民（映画では、市民派弁護士や、法律事務所の事務職員が主役）が民事訴訟を提起するというストーリーが軸となって展開されています。ネタバレはしませんが、映画を通じて、大企業を相手に不法行為訴訟を提起するということが、いかに難しいのかを感じてもらえるのではないかと思います。

　なお、少し法律をかじっている読者であれば、懲罰的損害賠償、製造物責任法、訴訟手続におけるディスカバリー制度などに注目してもらっても面白いと思います。また、実際に、『訴訟』と類似の事件で、ゼネラル・モーターズ社に合計12億ドルの損害賠償を認めた訴訟があります。興味があれば、調べてみてください（朝日新聞1999年8月27日夕刊22面）。

■ **相互扶助の社会へ——社会でどこまで助け合うか**

　私たち全体が抱えるリスクであるのならば、リスクが発生した時に備えて、社会全体でそれをプールし、そこから顕在化したリスクの回復を図るといった発想はどうでしょうか。実は、このような仕組みは、私たちの社会の中にたくさんあります。たとえば、労災に対する保障制度、公害による健康被害に対する補償制度、医薬品の副作用被害に関する救済制度などがあります。また、犯罪によって生命・身体に被害が及んだ場合、その被害者を補償する制度もあります。さらに、貧困に対する失業保険、病気に対する健康保険、老齢に対する年金など、様々な場面で用いられている各種保険や課税制度も、そのような文脈で理解することができるでしょう。生活保護給付のような貧困者の最低限度の生活保障、児童手当や遺族援護などの社会保障制度などもあります。これらは、広い意味では、「リスクが生じたら、みんなで助け合いましょう」という精神から成り立っている、相互扶助の社会のための制度としての側面を持っているということができます。

　ただ、このように「みんなで助け合う」という制度を維持するためには、構成員が、それぞれ、プールする財産（お金）を出し合わなければなりません。もし、国（または、地方公共団体）全体で制度構築をしようとすれば、それは「税金」ということになります。拠出金が高ければ、抵抗感を持つ人も少なくないでしょう。では、どこからが自己責任なのでしょうか？　どのような場面であれば、みんなで助け合うこと（そして、そのために相応の負担をすること）が許容されるのでしょうか？　どのような広がり（任意か強制か。特定のグループレベルか自治体や国レベルか）で助け合うのが妥当でしょうか？　難しい政策論です。

【ブックガイド】

・篠原清昭編著『教育のための法学――子ども・親の権利を守る教育法』（ミネルヴァ書房、2013年）
・奥野久雄『学校事故の責任法理』（法律文化社、2004年）

【研究課題】

　過失責任主義は、原則としては現在も生き続けています。しかし他面において、現在の私たちの社会においては、より積極的に「被害者の救済」や「将来の不法行為の抑止」が必要となる場面も少なくありません。そこで、加害者に故意または過失がなくとも賠償責任を負わせ得るという考え方（無過失責任主義）が台頭し、その一部は立法化されています。

　歴史的にみて、無過失責任を立法化するきっかけとなったのは、諸外国と同様、労働災害です。また、足尾鉱毒事件をはじめとする鉱害や、いわゆる四大公害事件が社会的に注目される中、公害被害者を救済する分野にも、無過失責任が導入されるようになりました。さらに、今日においては、自動車事故、原発事故、製造物の欠陥事故など、様々な分野において、加害者に無過失で責任を追及できる仕組みが採用されています。

　そこで、

❶みなさんが興味のある「無過失責任」の立法例（法律および条文）を調べて、その内容をまとめてみましょう。

❷課題❶と関連し、無過失責任に至った歴史的背景（きっかけとなった事件や社会問題としてどのようなものがあるのか）を調べてみましょう。

筆者のひとりごと

 2013年、イギリスのConfused.comという保険会社が提供する「初デート保険」という保険商品が、一時注目を集めました。これは、初デートが悲惨だった場合に、かかった費用を保険金として支払ってくれるというもの。初デートのために費やした美容院、服装、アクセサリー、初デートに対する期待感などが賠償の対象になるそうです。

 実は、この商品自体は、同社によるジョークらしいのですが…。でも、実際にあってもよくないですか？ 要は、保険はリスクの分散ですから、多くの人に共通して起こり得るリスクであり、それに、統計学における大数法則（事故がどのくらいの確率で起こり得るかを、過去の統計から計算することができる）が成り立つのであれば、保険商品になってもおかしくありません。

 日本でも、「ホールインワン保険（ゴルフでホールインワンをしたら、保険金が支払われる）」が昔からあります。海外では、「宇宙人誘拐保険（宇宙人にさらわれたら保険金が支払われる）」や「胸毛保険（胸毛の85％を失ったら保険金が支払われる）」などの商品もある（または、あった）そうです。そうであれば、たとえば、「寝坊保険」「失恋保険」など、いろいろなものが考えられるように思うのですが…、どうでしょうか。みなさんのために、どのような保険が必要だと思いますか？ 商品化してみてください。

第10章

友だちとケンカ
紛争処理と法

■ **社会あるところ紛争あり**

〔ある教室での会話〕
A君：お前、昨日、既読スルーしただろ、見たらすぐに返事しろよ。
B君：既読スルーなんてしてねぇよ。そもそも既読スルーって何なんだよ。見たらすぐに返事しないと既読スルーなのかよ。
A君：１分以内に返事しなかったら既読スルーだろ。
B君：話になんねぇ…。

　こんな会話、聞いたことありますか？　殴り合いとはいかないまでも、高校時代に誰かとケンカやもめごとになったことはありますか？　もしあったとすれば、それはどのようなことが原因だったでしょうか？　学校行事（文化祭や合唱コンクール）に対する温度差でクラスメートとの関係が険悪になった。付き合っている相手との記念日に東京ディズニーランドに行くか、東京ドームシティに行くかで口論になった。定期試験前に友達とカラオケに行ったのが両親にバレて言い争いになった、などなど…。

　人間社会には争いが絶えません。昔から「社会あるところ紛争あり」といいます。これは人が集まれば必ず争いが生じるという意味です。もちろん、争いがないことに越したことはありません。しかし、世の中から争いを無くすことはたぶん不可能でしょう。争いが生じることが避けられないのだとすれば、それを解決する方法を備えておくこともまた不可欠と思われます。いつまでも争いが続くような社会は、決して居心地のよい、望ましい社会とは思われないからです。

■ 裁判所で解決できる紛争は？

前橋地方裁判所裁判員裁判用法廷
（前橋地方裁判所の許可を受けて転載）

　裁判所は知ってますよね。では、裁判所はどのようなことをしているでしょうか？　裁判所の重要な役割の1つは、紛争を解決することです。しかし、ここで気をつけなければならない点があります。先ほど挙げた既読スルーの例に戻ってみましょう。

　A君の言い分は「お前、昨日、既読スルーしただろ、見たらすぐに返事しろよ。」で、対するB君の言い分は「既読スルーなんてしてねぇよ。そもそも既読スルーって何なんだよ。見たらすぐに返事しないと既読スルーなのかよ。」でした。さらにこれに対してA君は「1分以内に返事しなかったら既読スルーだろ。」と反論しています。ここでは、2つの言い分の違いありました。1つ目が、「B君が既読スルーしたかどうか」で、2つ目が「そもそも既読スルーとはどのような内容をいうのか」という問題です（この2つの問題は裁判〔訴訟〕でなされる重要な作業にかかわるのですが、それについては後で説明します）。

　では、この2つの争いを裁判所で解決（判断）してもらうことは

第10章　友だちとケンカ

できるでしょうか。残念ですが、答えは「No」です。たしかに、裁判所は紛争を解決するところです。しかし、そこで扱える問題には限界があるからなのです。

ここで裁判所の職務についての法律を見てみましょう。法律は「裁判所は…一切の法律上の争訟を裁判し…」（裁判所法3条1項）と定めています。つまり、裁判所が扱う問題は、ざっくりというと、法律に関する紛争である、ということなのです（だからこそ難しい法律の試験問題が課され、その試験に合格した人だけが裁判官になることができると考えられます）。より具体的には、「貸した300万円返せ」（貸したお金を返してもらえる権利）、「この土地は私のものだ！」（所有権）など、法律に書かれている権利があるかどうかに関する紛争を指します。

そうなると、「既読スルーをしたかどうか」、「既読スルーとは何を意味するか」という問題そのものは権利のあるなしではありませんから、裁判所では扱えない問題ということになります。ただし、この答えはA君がどのような形で裁判所に争いを持ち込むかによって変わる可能性があります。たとえば、A君が「Bが既読スルーをしたので精神的にダメージを受けた。なので、BはAに慰謝料1万円を払うべきだ」と訴え出たらどうでしょうか。こうなると、A君が慰謝料を払ってもらう権利を持っているかどうか（民法710条）という権利の存否に関する問題となって、さきほどとは逆の結論になる可能性があるのです。

■ 紛争解決方法の多様性と選択の自由

このように裁判所が解決できる紛争は法的な紛争です。では、そのような紛争を解決できるのは裁判所だけ、そしてその方法は1

つしかないのでしょうか。世の中にはいろいろな紛争があります（たとえば、「離婚したい・したくない」、「買った物を渡してほしい・渡さない」、「認知症のおじいちゃんの財産を管理するのは俺だ・私だ」など）。もし、そうであるとそれぞれの紛争に適した解決ができないことも考えられます。ですから、世界のほとんどの国では、多かれ少なかれ、法的な紛争を解決する複数の制度を設けています。日本では、「訴訟」「和解」「調停」「仲裁」などがあり、それぞれ手続が異なります。

ところで、みなさんはどのような解決方法に向いているでしょうか。次の質問に、「Yes」または「No」で答えてみてください。

〔**Q.1**〕争いはできれば紛争の当事者だけで解決したい。
〔**Q.2**〕費用はなるべく安く済ませたい。
〔**Q.3**〕できれば円満に解決したい（白黒はっきりつけたくない）。
〔**Q.4**〕第三者に仲介してもらうなら、慎重な審理より、スピードを重視したい。
〔**Q.5**〕争いに一度敗れた者に対して、再度闘うチャンスを与えるべきではない。
〔**Q.6**〕約束のお金を払わなかった相手からの謝罪は欠かせない。
〔**Q.7**〕校長先生の前で話をするのは緊張するし、校長室に入るのは敷居が高く感じる。
〔**Q.8**〕解決策はできれば自分自身の力で見つけたい。
〔**Q.9**〕できれば、言い争いを一般の人に見られたくない。

どうだったでしょうか、Yes はいくつあったでしょうか。もちろん、Yes がいくつあったから「あなたは○○による紛争解決方法が

向いている」と決めつけられるわけではありません。ただ、それぞれの紛争解決手続の特徴から見れば、Yesが少なければ少ないほど「裁判所での裁判（訴訟・判決）による解決に向いている」ということができ、逆にYesの数が多ければ多いほど「裁判所での裁判（訴訟・判決）による解決には向いていない」といえそうです。というのも、大ざっぱにいうと、訴訟は、裁判官が公開の法廷（憲法82条）で、紛争に関する当事者の言い分を聞き、強制力を伴う判決を下す形で行われますが、時間や費用がそれなりにかかるからです。

他方、先ほど紹介した裁判（訴訟・判決）以外による紛争解決は、ひっくるめて「裁判外紛争解決（ADR）」と呼ばれていて、その特徴として、非公開で行われること、当事者の合意によって解決策がつくられること（ただし、仲裁を除く）、そのため、解決策がいろいろ盛り込めること（謝罪、金銭の支払い、将来の取り決めなど）、費用も比較的安く済むことなどを挙げることができます。

なお、そもそも法的な紛争を解決しないで放置しておく、解決をあきらめる（泣き寝入りする）という選択も可能です。紛争を解決しようとするにしても、どのような方法を選択するかは、原則として当人に任されています。これは、民事の領域に広く妥当する、「私的自治の原則」（→第2章）にもとづくものです。ただし、「自力救済」は禁止されています（→第9章）ので、法的には力ずくで権利を実現することは許されていません。

それでは、次に、法的な紛争を解決する方法として最も知られている「裁判（訴訟）」の仕組みと手続について学んでいきましょう。

■ ソクラテスの例

ソクラテスは知っていますか？　古代ギリシアの有名な哲学者で

すね。哲学の授業では当然でしょうが、ソクラテスは法律学の授業でもしばしば登場する人物です。裁判の授業も御多分に漏れません。それはこんな感じです（別にソクラテスでなければならない理由はないのですが…）。

　【大前提】すべての人間は死すべきものである。
　【小前提】ソクラテスは人間である。
　【結　論】ゆえにソクラテスは死すべきものである。

　これはいったい何の説明なのでしょうか。これはいわゆる三段論法と呼ばれる推論の方法の1つを説明したものです。いま、XさんとYさんが、偉大な哲学者ソクラテスが死ぬのかどうかで言い争っています。では、仮に、すべての人間は死すべきものであること【大前提】をそのまま受け入れたならば、この問題は「ソクラテスが人間であるか」を確かめることで結論を導くことができそうです。ソクラテスが人間ならば、【大前提】にもとづき「死ぬ」との結論が導かれ、逆にそうでないならば、「死ぬ」との結論をここから導くことはできません（ただし、ソクラテスが人間でなくても、他の【大前提】、たとえば、「すべての生物は死すべきものである」といったことから「ソクラテスは死すべきもの」との結論が導かれる可能性は否定されません）。
　実は、この推論の方法は、裁判（訴訟）においても使用されています。法学の授業ではこれを「法的三段論法」と呼んでいますが、次にこれを実際の法的な紛争にあてはめて考えてみたいと思います。

■ **法的三段論法**

〔ケース〕
いま、甲さんと乙さんが50万円の支払いをめぐって争っています。
甲さんの言い分：私は乙に自動車を50万円で売る約束をして、その後自動車を渡しました。しかし、乙は、50万円を払わないので、支払いを求めます。
乙さんの言い分：甲は私に自動車をあげるといいました。私は自動車をもらっただけなので、50万円を支払う必要はありません。

この法的紛争で何が問題になっているか、それは、ズバリ甲さんが乙さんに対して50万円を払ってもらう権利を持っているか（裏から見れば、乙さんが甲さんに50万円を払う義務を負っているか）どうかです。ここでは、民法555条が登場してきます。民法555条をかみくだくと、「物の売り買いをする約束（契約）をした場合、売った者（売主）は買った者（買主）に対し、代金の支払いを求める権利を持つ」（売主から見た場合）となります。これが先ほどの【大前提】にあたる部分です。これは条文であらかじめ決められているわけですから、そのまま受けいれるとすると、あとは、物の売り買いをする約束（契約）がなされたかどうかを確認することによって結論が導けることになります（どのような場合に契約が成立するかについては第2章参照）。ある出来事（事実）があった、あるいは、なかったと判断する作業を裁判の世界では「事実認定」と呼んでいます。

【大前提】物を売り買いする約束（契約）をした場合、売主には買主から代金を支払ってもらえる権利が発生する。

【小前提】甲さんと乙さんは、自動車を50万円で売り買いする約束（契約）をした。

【結　論】ゆえに、甲さんには、乙さんから代金50万円を支払ってもらえる権利が発生した。

　ここでもう1点だけ、結論を左右する重要な問題を説明しておきます。たとえば、上記【大前提】に出てきた「物」とはどのようなものを指すのでしょうか。今回のケースは自動車の売り買いでしたからみなさんは直感的に「物」にあたると判断したと思います（では、ノウハウ、アイデアなど形のないものはどうでしょうか？）。しかし、仮に、「自動車」は民法555条の「物」に含まれないとすれば、「自動車」を売り買いする約束は、「自動車」が「物」に含まれない以上、【大前提】にあてはまりません。したがって、この条文からは、代金を支払ってもらえる権利は発生しないことになってしまいます。

　このように、裁判（訴訟）をするにあたっては、先ほど述べた、どのような出来事（事実）があったのかを判断する作業だけでなく、「法の解釈」（条文の言葉の意味を明らかにする作業）もまた必要不可欠ということになるのです。

　ここであらためて既読スルーの問題で争いとなったA君とB君の言い分の違いを思い出してみてください。いま説明してきた裁判（訴訟）における2つの作業（「事実認定」と「法の解釈」）が、それらと重なってきませんか？

■ **訴訟にもルールがある**

　戦いにはルールがあります。国と国の戦争にもルールがあります。たとえば、1900年代初めにオランダのハーグで締結された「開戦に関する条約」の第1条。ここには、「締約国は、…明瞭かつ事前の通告なくして、その相互の戦争を開始してはならないことを承認する」と規定されています（ちなみに日本は1911年に批准しました）。これは「宣戦布告」を定めた規定といった方がわかりやすいかもしれませんね。

　私たちがいま話題にしている民事裁判（訴訟）は、権利義務をめぐる戦いといえます。そこにもやはりルールがあります（民事訴訟法）。では、民事訴訟にはどんなルールがあるのでしょうか。具体的には次のような例があります。

コラム（ラグビーにおける「認定トライ」）

　スポーツもルールを欠くことはできません。たとえば、サッカーの「オフサイド（待ち伏せ禁止）」やバレーボールの「後衛プレーヤーはアタックラインを踏み越えてスパイクしてはいけない」などです。

　興味深いのは、前回（2015年）は南アフリカを破り、また、自国開催（2019年）では初めて決勝トーナメントに進出して盛り上がったラグビーワールドカップにおける「認定（ペナルティ）トライ」。日本は世界ランキング2位（当時）のアイルランドを倒し、今回も「ジャイアントキリング（番狂わせ）」を演じましたが、その試合のトライはすべて「認定トライ」でした。普通は、ボールを持った選手が相手陣のゴールラインを越えてボールを接地するとトライ（＝得点）になります。しかし例外的に、そのような状況になっていなくても、相手方の反則を理由にトライと認定され、点数が入る場合があります。これが、「認定トライ」です。

　これは、相手方がゴールライン際で反則をひたすら繰り返すことによりトライが困難になるという弊害を防ぐことを目的として、反則に対する制裁を定めたものです。審判はそれを判断するわけですが、その作業は裁判の構造に似ている部分もあって興味深いところです。

○ 訴訟はどの裁判所で行われるのか（管轄）

○ 誰が訴訟の当事者になれるのか（当事者能力）

○ 判決には誰が拘束されるのか（判決の拘束力を受ける者）

○ 事実認定はどのように行うか（自由心証主義）…など。

　前項で確認したように、訴訟は「事実認定」、「法の解釈」によって最終的に結論が導かれます。裁判官は法律の専門家ですから、このうち法の解釈が問題になることはそれほど多くありません。むしろ、大多数の事件において結論を左右するのは「事実認定」です。これは、とても重要な作業なので、そのルールのいくつかを確認したいと思います。

■ **論より証拠**

　再度、182頁の甲さんと乙さんのケースを引き合いに出して事実認定のルールを考えてみたいと思います（やや不正確なのですが、ここでは事実認定の言葉をもう少し広く理解して、裁判所が判決の基礎にすることができる事実はどのような事実か、も含むことにします）。

　さて、甲さんは裁判所に訴え出て、法廷で裁判官に対して直接（民事訴訟法249条）、口頭で（同89条）、言い分通り主張しました。これに対して、乙さんも同様に言い分通り主張しました。ここでの主な事実に関する争い（「争点」といいます）は、「甲さんと乙さんの間で自動車の売り買いの契約が成立したのか、そうではないのか」です。ちなみに、乙さんは、自動車をもらう契約があった（贈与契約があった）と主張していますが、争点は売買契約があったかどうかで、契約が贈与契約であったとか、使用貸借契約（ただで物を貸し借りする契約）であったとかは決定的ではありません（そのような事実が確認されなくても、甲さんが訴訟で負けてしまう可能性があります）。

事実認定に関しては、たとえば、次のようなルールがあります。

ルール1：当事者が法廷で述べていない事実は、判決（結論）の根拠に使えない。
ルール2：争点となっている事実を認定する場合には、証拠によってしなければならない。
ルール3：事実認定に用いる証拠は、当事者が提出しなければならない。

では、順にもう少し詳しく説明しましょう。

まずルール1について。たとえば、この事件を裁判所が審理したところ、乙さんがすでに50万円を自動車の代金として甲さんに支払っていたことが明らかとなったとします。そうすると、甲さんはすでに50万円の支払いを受けているわけですから、さらに50万円支払えというのはおかしな話です。よって裁判所は「甲の請求は認められない」という判決（請求棄却判決）をするのが素直ですね。しかし、ルール1はそれを許しません。というのも、この事例で乙さんは法廷で「すでに代金50万円を甲に支払った」と一言も述べていないので、裁判所はその事実を判決の根拠にできないからです。では、なぜ代金を支払った事実を判決に使ってはいけないのでしょうか？ また、乙さんが支払ったことを法廷で述べていないとして、裁判所はそれを放置していてよいのでしょうか？ この点は時間のあるときに、ぜひ考えてみてください。

次に、ルール2についてです。これはまさに事実認定の中核の問題になります。かつての裁判は、およそ根拠があるとは考えられない方法でなされていました。たとえば、古代における熱湯裁判

（熱湯に手を入れてその火傷の程度で真実かどうかを判断）や決闘裁判（実際に当事者あるいはその代理人同士を闘わせて真実かどうかを判断）などです。これらの裁判の結論は神のみぞ知る、ということでよく「神判」（審判ではない）ともいわれます。しかし、社会の発展に伴い、このような方法は根拠がなく、事実認定は客観的・合理的になされるべきだという考えが次第に強くなりました。そして、現代では、事実認定は証拠によって行うという考えが採用されたわけです（証拠裁判主義といいます）。

そして、証拠裁判主義を前提として、誰がその証拠を集めてくるかが問題になります。ルール3はその原則を定めたものです。これにより、事実認定をするための証拠は、当事者が提出したものに限られます（一部例外があります。民事訴訟法207条、237条、人事訴訟法20条など）。

■ 事実認定はどのように行うのか？

証拠によって事実認定するといってもそう簡単ではありません。まず、そもそも証拠が少ない。日本人は口約束に重きを置いているため契約書を作らないこともいまだによくあるといわれます。次に、証拠といっても、決定的な証拠、たとえば、契約を締結する瞬間を撮影・録音したビデオなどがあればよいのですが、そのような証拠がないこともたくさんあります。しかも、仮に証拠がいくつもあったとしても、どのような証拠があればどのように事実認定する、といったことも条文には書かれていません。

では、試しに訴訟における事実認定を実際に考えてみましょう。みなさんが裁判官だったとして、次のような場合に自動車の売買契約があったと考えますか？

- 甲さんと乙さんとの間に自動車の売買契約書は存在しない。
- 「私は甲さんから、甲さんが乙さんと自動車に関する契約をすると聞いた」（証人Aさんの証言）
- 「自動車が乙さんに渡された頃、乙さんが弊社支店の窓口で60万円ほど引き出していった（その受取証もある）」（証人Bさんの証言）
- 60万円の引き出し後、乙さんは近くの家電量販店で25万円の冷蔵庫を購入している（そのレシートがある）。

コラム（「認定トライ」再び）

　事実認定の必要はいろいろな場面で発生し、それは法律の解釈と密接にかかわっています。先ほどの認定トライを例にその点を少し考えてみましょう。認定トライは、「相手チームの反則がなければトライになったと考えられる場合に攻撃側に得点が与えられる」ものです。そこで審判（レフリー）は、まず、相手チームに反則があったかどうかを確認する必要があります。これは事実認定の問題です。審判は反則を見ていますので、反則の有無の認定が問題になることは少ないでしょう（しかし、スポーツによってはこの判断は非常に困難を伴います。メジャーリーグ、プロテニス、大相撲などで、制度上、審判の事実認定〔たとえば、アウトの判定〕に対して異議を申し立てる制度があるのを知っていますか？）。

　ところで、最終的にレフリーが認定トライとの結論に達するためには、そもそも認定トライになる反則とはいかなるものか、があらかじめ明らかになっている必要があります。というのも「あらゆる反則＝認定トライ」になるわけではないからです。そこで、例えば、認定トライとなる反則を「①ゴールまで3メートル以内でなされた反則、かつ、②ボール付近の防御チームの人数が攻撃チームよりも少なかった状況での反則」であると理解すれば（これが裁判で言う「法の解釈」）、さらにレフリーは、そのような事実があったかどうかを瞬時に確かめる必要があることになります。

　このようにルールの解釈（法の解釈）は、それが変わればその結論（ここでは認定トライ）を判断するために必要な事実も変わるという点で事実認定の問題と密接に関係しているのです。そして、それらの問題を一瞬で判断しなければならないスポーツの審判は本当にスゴイという気がしてきませんか？

どちらとも考えられそうですね。契約書などの決定的な証拠がないような場合、裁判官といえども、事実認定に悩むことがよくあるそうです。そして、この事実認定の問題は、裁判官がどの程度契約があったと確信したときに、契約があったと認定するかという問題とも大きくかかわります。これは訴訟では「証明度」と呼ばれる問題です。「間違いなく契約した」、「たぶん契約した」、「契約したかもしれない」、「契約した可能性がゼロではない」のいずれを事実認定の基準とするかによって訴訟の結論も変わってくるので、非常に重要な問題といえます。

　さて、先ほどの事実・証拠をもとに、ある学生は次のように答えました。「自動車の売買は契約書を作るのがふつうなのに、それがないのは不自然ですね。でも、Aさんの証言から甲乙間で契約があったと考えられそうです。ただ、それが売買契約かどうかははっきりしないんですよね。Bさんの証言がその通りなら、乙さんが引き出した60万円は、50万円で自動車を売ったとする甲さんの主張にほぼ一致するのでやっぱり買ったと思います。でも、乙さんはその後25万円の冷蔵庫を買っていて、残りの金額では自動車の代金にはかなり足りないですし…結局よくわかりません。」

■「わかりません」は通用しない

　結局、よくわかりません（「真偽不明」といいます）ということも訴訟では起こりえます。裁判官が売買契約があったと確信を持てればいいのですが（このような状態を「証明」といいます）、よくわからなかった場合にどうするかのルールも必要です。これは「証明責任」と呼ばれるルールです。

ルール4：ある事実があるかどうかわからないときは、その事実を証明する責任を負っている当事者が不利益を受ける。

今回のケースの場合、売買契約があったことは甲さんが証明する責任を負っています。したがって、もし、売買契約があったかどうかが不明であると、甲さんが不利益を受けることになります。ここでの不利益とは、売買契約はなかったとされてしまうことです。これにより、裁判官は、売買契約は存在しない、よって、甲さんの請求を棄却するとの判決を言い渡すことになります。甲さんにとってはちょっと酷なような気もしますが、このようなルールがないと裁判官は結論を出すことができず、ひいては紛争が解決されず、当事者の裁判を受ける権利（憲法32条）も保障されないことになりかねません。

■ **判決が「絵に描いた餅」にならないように**

最後に、判決が出たあとのことを考えておきましょう。甲さんの言い分が認められなかった場合、裁判所は「原告の請求を棄却する」との判決を言い渡します。この場合は、甲さんが代金を支払ってもらえないことが決まるだけで、それ以上問題が生じることはあまりありません。納得がいかなければ、リターンマッチ（上訴）は可能です。

むしろ考えなければならないのは逆のケース、すなわち、甲さんの言い分が認められて、裁判所が「被告は原告に対し金50万円を支払え」と命じた場合（請求認容判決）です。「何が問題なのか、甲さんは言い分が認められてハッピーエンドじゃないか」となるかと

いえば、事はそう単純にはいきません。甲さんの言い分が認められたということは、その次の段階として乙さんに 50 万円を現実に支払ってもらわなければならないからです。裁判所は決着をつけましたので「俺たちは仕事をやりました。以上」といって、「あとは甲さん、乙さんにお返しします」では、甲さんの権利は「絵に描いた餅」になってしまうからです。

　そこで、国は、甲さんの権利を強制的に実現するための制度、つまり、民事執行（強制執行）制度を設けています。そして、その手続は民事執行法が定めています。それによると、もし乙さんが判決に従わなければ、甲さんは強制執行を裁判所に申し立て、裁判所に乙さんの財産を差し押さえてもらいます。そのうえで、差し押さえた財産を競売にかけ（ネットオークションのようなイメージですね）、うまく売却ができれば、その代金のうち 50 万円が甲さんに配当される、という流れです。

　これ以上は詳しく説明しませんが、もし、乙さんの財産が見つからなかったらどうすればよいのか、乙さんが無一文だったらどうなるか、あるいは、乙さんが強制執行を予期して財産隠しをしようとしていたらどうなるか（どのような対策が考えられるか）、といった問題などがさらに出てくる可能性があります。

【ブックガイド】

- 山本和彦『よくわかる民事裁判――平凡吉訴訟日記』（有斐閣、第 3 版、2018 年）
- 市川正人・酒巻匡・山本和彦『現代の裁判』（有斐閣、第 7 版、2017 年）
- 中野貞一郎『民事裁判入門』（有斐閣、第 3 版補訂版、2012 年）

【研究課題】

裁判所の門は常に開かれているとしても、個人が訴訟をするのは簡単なことではありません。訴訟の現実と問題点を知るために、次のことを調べてみましょう。

❶日本では、毎年どのくらい民事訴訟が起こされているでしょうか。

❷アメリカやドイツに比べて、日本の民事訴訟の件数が少ない理由はどこにあるのでしょうか。

❸病院や医師を相手にした損害賠償請求訴訟で患者側が勝てる割合が低いのはなぜでしょうか。

筆者のひとりごと

認定トライの部分を執筆していて、大学時代にしていたクリケットというスポーツを思い出しました。クリケットは、打者が、打席後方に立っている3本の棒（wicket）を投手が投げたボールで倒されないようにしながら、うまくボールを打ち返して得点を重ねるスポーツです。その打者がアウトになるケースの1つに Leg before wicket というものがあります。これは投手が投げたボールが打者の足にあたったために、wicket にあたるのが妨げられたと考えられる場合に打者をアウト（認定アウト）とするものです。ただ、自動的に認定アウトになるわけではなく、審判へのアピールが必要です。この点は裁判との類似性があります。守備側はここぞとばかりに「How's that?(Howzat?)」と叫びます。「え？　どうして？」「それどうなのよ？」的な感じですね。アピールを受けた審判は、ボールの軌道を推定して wicket にあたっていたかを判断します。もしクリケットに興味があれば、ハットトリックという言葉と一緒に調べてみると面白いかもしれません（笑）。

終章

結局、「法」を学ぶことの意味って何?

■ **各章を振り返って**

さて、これまで、序章に加え、具体的な10の章を読み進めてきましたが、いかがでしたか？　法の内容や法的なものの考え方がたくさん盛り込まれていたと思います。

ところで、各章には、それぞれの筆者がみなさんに伝えたいメッセージが含まれていたと思いますが、みなさんは、それを読み取ることができましたか？　もし、「この章は、何が言いたかったのだろう？」と疑問を持ったのならば、ぜひ、その章だけでも、もう一度読み直して、メッセージを探してみてください。また、「どの章も理解できた」と感じたみなさんでも、もう一度読み直すことで、新たな視点を発見することができるかもしれません。

ちなみに、私自身が各章から読み取ったことを非常に簡潔に表現するのであれば、以下のようになります。これは私なりの読み方なので絶対的なものではありませんが、みなさんが読み直すときの1つの参考になるかもしれません。

序　章：法は、強制力を伴い、私たちの行動をコントロールするルールである。

第1章：罪に対しては、効果のある相当な罰が必要である。

第2章：どんな契約にも拘束力が伴う（自由には責任が伴う）。

第3章：表現の自由は、人が人らしくあるために不可欠な権利である。

第4章：財産を所有する権利は、誰からも不当に侵害されない。

第5章：主権を持つ国民の意見を社会に反映させる。それが選挙である。

第6章：犯罪でなければ刑罰は与えられない。ただし、犯罪・

> 　　　　刑罰の内容は、時代の流れの中で刻々と変化する。
> **第7章**：会社は、株主の利益のために存在し、活動する。
> **第8章**：人が働く意味は、自己の実現にある。
> **第9章**：リスクは社会の中で適切に分配されなければならない。
> **第10章**：紛争解決には、多様なルートとフェアなルールが必要
> 　　　　である。

　なお、章によっては、筆者の考え方がちりばめられているものもありました。みなさんはその考え方を、どのように受け止めていますか？　まずは、人の意見を尊重して偏見なく受け入れることが大切です（法学だけではなく、議論をする時には常に、" I may be wrong and you may be right ..." という態度を忘れずに！　カール・ポパー（1902〜1994年）の言葉です）が、しかし同時に、疑問を持つことも忘れてはいけません。場合によっては、「本当にそうなのか？」と疑ってかかり、自分で他の文献を調べてみる・・・ということができるようになるといいですね。疑問を持つことが、学問への第一歩です。

■ 私たちの中での「法」という存在

　さて、最後の章になる本章では、「まとめ」のようなものをしておきましょう。もう一度、各章を振り返りながら、「法」と「法学」という存在について、考えてみたいと思います。

　法は、私たちの社会生活と常に密着しています。「社会あるところに法あり（Ubi societas, ibi ius）」と言われるくらいです。たとえば、ウル・ナンム法典（古代メソポタミア。B.C.21世紀頃）やハムラビ法典（古代バビロニア。B.C.18世紀頃）に見られるように、古代社会の時代から、法は絶えず存在しています。確かに、それぞれの時代の中で、

中央大学多摩キャンパスに置かれたテミス像

「法のない社会」を理想とする思想家もいます。しかし現在の社会を考えた場合、私たちが日常生活を営むうえで、(無意識的かもしれませんが)法と全く接しないことは考えにくいと思います。法は、常に私たちの傍にあるのです。

そして、法は、時として、「あなた、そんなことするなんて、人としてどうなの？」というレベルの、いわば、道徳的・倫理的・社会常識的な次元を超えて、もっと強い行動指針となっているはずです。私たちは、刑罰・損害賠償・行政的規制・税金などのサンクションや、反対に、税制優遇や補助金の交付などの利益を通じて、法を守ることを強く求められる場合もあります(→序章で述べている「法」と「道徳」の関係をもう一度読み直してみてください)。正義の女神であるテミスの像は、天秤とともに剣を持っていますが、これは、力による強制が必要であることを表しているように見えます(ルドルフ・フォン・イェーリング(1818〜1892年)の著書『権利のための闘争』に、「剣なき秤は無力、秤なき剣は暴力」という言葉が登場します)。

■ **厳しい法があった方が良いのか？**

では、どれくらい厳しい法があれば、私たちの社会は良くなるのでしょうか。暴力行為の制限や、所有や約束の尊重などに関する最

小限の法（H.L.A. ハート（長谷部恭男訳）『法の概念』（筑摩書房、2014年）302頁）が必要であることは説明を要しないとしても、それ以上に、いったいどのような法がどの程度必要なのでしょうか（これは、法の基本思想とも関連します。序章の「法はいかなる基本思想に支えられるべきか」の部分も参照してください）。

　このことは、みなさんの高校の校則に当てはめて考えてみることもできます。高校ごとに、校則の厳しさは異なると思います。品行方正を第一に、校則がとても厳しい高校がある一方、自由な校風が特徴で、生徒の自主性を重んじる高校もあるでしょう。では、どちらの方が、みなさんにとって良いのでしょうか？

　まず、人を厳しく律するルールがあれば、それだけで良い社会が形成されるわけではないことには、注意が必要です（→第1章）。確かに、ルールが厳格化することによって、良い社会となる例もあるでしょう（→第6章）。しかし、厳しく律しさえすれば、常に、悪人がいなくなるわけでもありません。反対に、地下経済が発達してしまう（＝隠れて悪いことをする人、そして、それを助けて儲ける人が多くなってしまう）などのジレンマを抱えることになるかもしれません。また、私たちが「ルールがあるのが通常」という感覚を持ちすぎると、「作ってもらったルール」に頼り切ってしまって、自分たちで紛争を解決する能力（自浄能力）が養われなくなってしまうともいわれています（「パターナリズム」という言葉を調べてみてください。ちなみに、井上達夫『法という企て』（東京大学出版会、2003年）211頁は、パターナリズムについて、われわれを幼児化させ、無責任な受動的・他力本願的受益主体にしてしまう危険性があることを指摘しています）。

　他方、ルールがない社会の方が自由で良い、と単純に言い切ることもできません。そもそも、自由とは、「何をやっても良い」とい

終　章

うことを意味しません。私たちは、孤島に1人で住んでいるわけではなく、みんなで社会を形成し、少なからず、お互い影響を与え合っているからです。自由であるぶん、その集団の構成員は、自分たちで考えて、自分たちで適切な行動することが求められます。しかし、ルールがない状態で、全ての人にいかなる時も適切な行動を期待することができるでしょうか？　私たちの社会を見る限り、かなり疑問であるといわざるを得ません。また、自由には、責任が伴います。自由を追い求めることは、自分の行動の結果を、自分自身（だけ）で受け止めていかなければならないという側面を併せ持つのです。それは時として、あまりにも高い（個々人では吸収しきれない）リスクとなります。

今日における法は、「厳しさ」と「緩さ」の狭間で、時代背景や社会・経済情勢の影響も受けながら、揺れ動いているといえます。

■ 法は、どのような形で存在するのか？

次に、「法の形式」について、触れておきます。みなさんの高校のルールは、どのような形で存在していますか？　たまに、「うちの高校には、校則は一切ありません」という話を聞くことがあります。しかし、だからといって高校が完全な無法地帯となっていて、全てが生徒の良識に任されている（何をやっても強制力が発動されることは決してない）という極端な例は少ないのではないでしょうか。そうであるならば、実は、ルールはあるけれども、それが文書化されていないということではないでしょうか。

日本では通常、法は、文字や文章で表現され、所定の手続に従って定められることとなっています（立法府が文書の形で制定した法を重視する考え方を「制定法主義」といいます）。日本では、国家が定める法

の体系として、最高法規である「憲法」、国会の制定する「法律」、行政機関の定める「命令」、各種の国家機関が定める「規則」などがあります。また、それとは系列を異にするものとして、地方公共団体が独自に制定する「条例」などもあります。

■ **法の上下関係**

なお、法には、序列（上下関係）があります。下位の法が上位の法に反することはできません。法律は憲法に反してはいけませんし、命令や条例は、法律に反してはいけません。たとえば、近時、最高裁判所が、嫡出でない子（法律上の婚姻関係にない男女間に生まれた子）の相続分を嫡出子（法律上の婚姻関係にある男女間に生まれた子）の相続分の2分の1と定めた民法の規定は、法の下の平等を定めた憲法に反すると判断したこと（最高裁平成25年9月4日判決）を受けて、民法の条文が、両者の相続分を同等するものと改正されました。また、自衛隊や選挙制度（いわゆる1票の格差）の合憲性は、これまで何度も（そして、これからも？）いろいろな形の訴訟で争われています。これは、憲法が法律の上位に置かれている（したがって、憲法に反する法律の存在は認められない）ことを前提としています。

高校の中にも、いろいろなレベルのルールがありますよね。学校全体のルール、クラスのルール、部活のルール、体育祭を行うにあたってのルール…というように。そして、そこには序列もあるはずです。たとえば、「アルバイトは全面禁止」や「18時が最終下校時刻」という校則になっている学校では、「アルバイトをする場合には担任に事前に届出をするように」というクラスのルールを設けることも、「ダンス部の練習時間は、毎日19時までとする」という部活のルールを設けることも、基本的にできないはずです。校則が

終　章

上位のルール、クラスや部活のルールが下位のルールだからです。
みなさんの高校のルールを集め、どのような形式でルールが存在しているのか確認し、その序列を検討してみる（そして、それはなぜそのような序列になるのか考えてみる）と、面白いかもしれません。

■ 公法と私法

さて今度は、さまざまな法を、いくつかの種類に分類してみましょう。まず、「公法」と「私法」という分類があります。非常に大雑把にいえば、国や公共団体の内部関係や、国と私人（「私人」とは、公的な立場を離れた一個人を意味します）との間の関係を規律するのが「公法」です。たとえば、「表現の自由」を含む憲法上で国民に

コラム（「六法」って何？）

　日本には、今、いったいいくつの制文法があるのでしょうか。みなさんは、ご存じですか？　そもそも、たくさんの法が、絶えず、新たに作られたり、廃止されたりしていますので、把握すること自体が難しいかもしれませんが、たとえば「法律」であれば、その数はおよそ2000程度といわれています。

　そして、その中で、最も中心となる法が「六法」といわれるものです。六法というくらいですから、「6つの法」なのでしょうが、具体的にどのような法なのかご存じですか？　そもそも「六法」という言葉は、箕作麟祥（1846〜1897年）がフランス法を翻訳した書籍である『仏蘭西法律書』（1874年）の中で、ナポレオン五法典に憲法を加えた言葉として使ったことに由来するといわれています（箕作については、山中永之佑「箕作麟祥」潮見俊隆＝利谷信義編著『日本の法学者』（日本評論社、1974年）1頁）。現在の、憲法、民法、刑法、民事訴訟法、刑事訴訟法、商法が六法に該当します。いずれも、日本の法体系の中で、最も基礎をなす法です。

　ちなみに、現在では、「六法全書」だからといって、6つの法しか掲載されていないわけではありません。そのような意味では、「六法」という言葉は、今や、日本において重要な法律の総称のような使い方もされています。

保障されている基本的人権は、国家に対して国民が持つ権利です（→第3章）。また、選挙制度も、国家の統治に関するルールです（→第5章）。刑事責任は、国家が犯罪者に対して一定の刑罰を与えるというものです（→第1、6章）。いずれにしても、公的な存在に関係する法、これが「公法」の世界です。

これに対し、「私法」は、国家から離れたところに位置づけられる私人間の自治的な社会（市民社会）を規律することを目的としています。契約は、私人間の約束です（→第2章）し、所有権は、私的な財産の蓄積を保障するものです（→第4章）。会社法は、民間企業の会社組織に関するルールです（→第7章）。これが「私法」の世界です。

公法と私法の区別は、古くはローマの時代からあったようですが、この区別が重要な意味を持つようになったのは、国家と市民社会の分化が進み、市民社会において国家から干渉されない自治の領域が発達するようになって以降のこととされています。

ただし、今日では、従来の私法の領域であっても、国家が社会問題や経済問題に積極的に介入することを認める法領域があります。たとえば、労働法（→第8章）は、その1つです。雇用関係自体は、私人間の契約（雇用契約）ですが、労働者を保護するために国家が積極的に介入をします。契約自由からもたらされる問題を是正するためです。このような法領域を「社会法」ということがあります。特に福祉国家においては、社会法が発達しているといえましょう。そして、社会法の領域が増えれば増えるほど、公法と私法を区別する意義は揺らぐことになります。

■ **刑事法と民事法**

　公法と私法という区別とは別に、「刑事法」と「民事法」という区別があります。かつては、不法な行為を行った者に対する法的責任として、刑事的責任と民事的責任は、明確に分離されていませんでした。しかし、今日においては（少くとも日本では）、両者の役割分担は明確です。また、刑事裁判と民事裁判が区別されていることも指摘できます。たとえば、次の新聞記事を見てください。

> 　横浜市で 2009 年、車にはねられて死亡した男子高校生 A さん（当時 17）の遺族が運転していた男性（47）に約 1 億 3 千万円余の損害賠償を求めた訴訟で、東京地裁（阿部潤裁判長）は 7 日、男性に過失があったと認め、約 6700 万円の支払いを命じる判決を言い渡した。／男性は道路交通法違反（ひき逃げ）の罪に問われたが、昨年 3 月の横浜地裁判決は「糖尿病による低血糖状態から、意識がもうろうとした状態で事故を起こしており、責任能力がない」と無罪を言い渡し、その判決が確定していた。／この日の判決も、男性は事故当時、自覚のないまま低血糖状態に陥る「無自覚低血糖」だったと認定した。しかし、以前にも運転中の低血糖状態や職場での意識障害を経験していたことから「危険性を十分認識していた」と指摘。糖分補給などで血糖値を管理する義務があったのに、怠ったことが過失にあたると認めた。（朝日新聞 2013 年 3 月 8 日朝刊 38 面。筆者にて氏名等の字句一部変更）

この事件では、加害者は、犯罪者として刑事責任（→ 第 1、6 章）を問われることはありませんでしたが、他方で、民事訴訟（→ 第 10 章）では敗訴して、損害賠償責任（→ 第 9 章）に問われたという事例

です。刑罰のような制裁を与えるべきかという領域の問題（刑事法）と、被害者救済のために被害者への賠償責任を認めるべきかという領域の問題（民事法）は、分けられているということがわかります。

■ 国内法と国際法

　さらに、「国内法」と「国際法」という区別があります。私たちの生活の身近にあるのは、ひとまず、国内のルールとしての国内法でしょう。しかし、最近の社会におけるグローバル化の勢いの中で、さまざまな法的紛争およびそれに伴う法的処理のために、国際的なルールの重要性が増しています。

　たとえば、国際結婚をし、子どもも生まれた夫婦が、その後に離婚をする際に（ちなみに、厚生労働省の統計資料などを見ると、日本人の国際離婚率は40％を超えています！）、夫婦の一方が無断で自国に子どもを連れて帰ってしまった場合、どのように取り扱われるのでしょうか。まさに、国際的な問題であり、日本人も訴えたり、訴えられたりしています。そのためのルールは、「国際的な子の奪取の民事面に関する条約」（いわゆる、ハーグ条約）などに定められています。

　それ以外にも、たとえば、オゾン層の保護、生物多様性の確保、森林の砂漠化や海洋汚染などへの法的対応などは、全地球規模で取り組まなければならない環境問題です。特定の国で見られる看過し得ない不当な差別や性的暴行は、国内事情として処理されるのではなく、人権問題として国際的な働きかけが必要である可能性があります。国連難民高等弁務官事務所（UNHCR）が発表した資料によれば、紛争や迫害により避難を余儀なくされている難民や国内避難民などは、世界において約5950万人（2014年末時点）であり、第二次世界大戦後最大です。TPPなどにも見られるように、国際的な取引

がますます活発化する中で、各国の取引法の違いが貿易の障壁にならないためには、アジアや全世界に共通の取引ルールが考えられなければならないかもしれません。

■ 法学部では、法律の条文を丸暗記するのか？

ところで、みなさんの中に、「将来、法学部で学びたい（または、選択肢の1つである）」と考えている人はいますか？　では、そもそも法学部では、どんなことを学修するのでしょうか？　最近の大学教員は、高校へ模擬講義（出張講義）などに行く機会がたくさんありますが、その際に、高校生から、「法学部では、一生懸命、法律の条文を丸暗記すると聞いたのですけれど、本当ですか？」という質問をよく受けます。答えは、「No」です。法学部生が条文を必死に暗記している姿は、ほとんど見かけません。では、法学部では、何を学修するのでしょうか？　ひとまずここでは以下で、「解釈論」と「立法論」というものを紹介します。

■ 解釈論

法学の1つの領域に、「解釈論（解釈法学、法解釈学）」というものがあります。そもそも法は、1つの条文で、多くの事件を処理するために、抽象的に書かれている場合が多いのですが、そのぶん、解釈の必要性が生まれます。裁判でも、時として、事実の有無ではなく、法の解釈が争われます（→第10章）。

たとえば、学校が生徒に遅刻のペナルティとしてトイレ掃除を課すことができるかどうかを判断するために、トイレ掃除が「体罰」に該当しないかを解釈しなければなりません（→第1章）。契約は「申込み」と「承諾」によって成立しますが、「申込み」や「承諾」

とは何かは、解釈によって明らかにされなければなりません（→第2章）。ある人の行為が「わいせつ物陳列罪」や「窃盗罪」に該当するかどうかを判断するために、そもそも「わいせつ」や「窃盗」とは何かを解釈しなければなりません（→第3章）。胎内の子を死亡させた者に対して「殺人罪」を問い得るかを判断するために、「人」とは何かを解釈しなければなりません（→第6章）。これが、解釈論です。

ちなみに、裁判所（特に最高裁判所）が過去に出した判決文の中には、法的な解釈として先例的な意味がある（すなわち、他の事件にも使える汎用性がある）部分があります。これを「判例」といいます。法学では、「判決文のうち、どの部分が判例か」「この判決で、どのような判例が出されたか」を研究することもあります。

■ **立法論**

他方、解釈論だけではなく、「立法論（立法学）」も法学の内容です。時代の流れによって、社会に必要とされるルールの内容は刻々と変わります。ある程度は「解釈」によって、その時代に適合させることは可能ですが、それにも一定の限界があります。その場合には、「立法」が必要になります。

本書でも、いじめに関する規定の変遷（→第6章）や、選挙権が与えられる年齢の引き下げについての法改正（→第5章）などを取り上げました。また、近時の立法の一例を見るだけでも、児童虐待という社会問題に対応した「児童虐待の防止等に関する法律」の制定（2000年）、性的マイノリティの権利が注目されるようになる中での「性同一性障害者の性別の取扱いの特例に関する法律」（2003年）の制定、過労死が社会問題となる中での「過労死等防止対策推

進法」(2014年)の制定など、様々なものがあります(さらに、序章で述べられている「法はいかなる基本思想に支えられるべきか」の部分の立法例も参照してください)。私たちを規律する法は、内容が固定しているわけではなく、常にダイナミズムを持っています。そのようなダイナミズムを前提として、法学は、現在ある法だけを対象とするのではなく、未来志向的に、どのような立法がなされるべきかをも考察の対象とします。

■ 結局、法学とは何だろう？

　結局、法学とは、何でしょうか。実は、この質問に答えることは、とても難しい(学説上で以前から争いがあります)のですが、敢えていえば、私は(序章で曲田教授が述べられたのと同様)、「私たちの社会にとって『あるべきルール』を自分自身で提示すること」だと思っています。

　先ほど紹介した解釈論にしても立法論にしても、根本的には何も変わるところがありません。歴史的観点、科学的観点、哲学的観点、他国の制度との比較など、様々なアプローチから、「私たちの社会にとって『あるべきルール』はどのようなものか」を探求するのです。

　もちろん、「あるべきルール」を見つけ出すことは、決して容易な作業ではありません。社会に適合したルールを示すためには、まず、社会で起こっていることを熟知していなければなりませんが、その調査には一定の限界があります。また、時として、個々の権利や利益は、激しく対立します(たとえば、本書の中でも取り上げた、「表現の自由 vs プライバシー」、「所有権 vs 公共の福祉」、「企業の利益 vs 労働者・消費者の保護」など)。その場合には、相反する利益の調整を図らな

ければなりません。さらに、様々な人が、様々な環境の中で、様々な価値観を持って生きていますから、何が「あるべきルール」なのかに対する、絶対的な回答が存在せず、自分の正しさを100％実証することが難しくもあります。法学は、このような不確さの中に存在します。しかしそれでも、他者を（そして社会全体を）説得するにはどのようにすればよいのかを探究するところに、法学の醍醐味があるのです。

　最後になりますが、私たちの住んでいる社会は、決してユートピアではありません。本書でも示してきたように、社会は多くの（多すぎる？）問題を抱えています。しかし、明日がやってくる以上、私たちは、社会の構成員として、その種々の問題から目を背けるわけにはいきません。そのような中で、法学は、みなさんが社会問題に目を向け、その問題としっかりと向き合う機会を提供してくれるはずです。

【ブックガイド】

- 田中成明『法学入門』（有斐閣、新版、2016年）
- 星野英一『法学入門』（有斐閣、2010年）
- 永井和之編『法学入門』（中央経済社、第2版、2017年）

執筆者紹介(五十音順)

遠藤研一郎 [えんどう・けんいちろう]
中央大学法学部教授 〔専門〕民法 （第2章・第9章・終章担当）
【主要業績】『法学入門』（中央経済社、2014年、共著、第3章担当）、『民法〔財産法〕を学ぶための道案内』（法学書院、2011年）、『民法3（債権総論）』（中央大学通信教育部、2009年）

川田知子 [かわだ・ともこ]
中央大学法学部教授 〔専門〕労働法 （第8章担当）
【主要業績】「ドイツにおけるパート・有期労働契約法14条の解釈をめぐって－近年の欧州司法裁判所先決裁定及び連邦労働裁判所判決を手掛かりに」『労働法理論変革への模索－毛塚勝利先生古稀記念論文集』（信山社、2015年）

柴田憲司 [しばた・けんじ]
中央大学法科大学院教授〔専門〕憲法 （第5章担当）
【主要業績】「憲法上の比例原則について（1）（2・完）」法学新報116巻9・10号、11・12号（2010年）、「比例原則と目的審査」同120巻1・2号（2013年）、『憲法演習ノート〔第2版〕』（弘文堂、2020年、共著）

髙田 淳 [たかだ・あつし]
中央大学法学部教授 〔専門〕民法 （第4章担当）
【主要業績】「特約店契約およびフランチャイズ契約の特徴とその解消について」法学新報105巻8・9、10・11、12号（1999年）、「フランチャイズチェーンにおける購入利益をめぐる法的処理」法学新報120巻11・12号（2014年）、「フランチャイズ契約の法的性質（総論的考察）」法学新報121巻7・8号（2014年）

橋本基弘 [はしもと・もとひろ]
中央大学法学部教授 〔専門〕憲法 （第3章担当）
【主要業績】『近代憲法における団体と個人』（不磨書房、2004年）、『プチゼミ1 憲法［人権］』（法学書院、2005年）、『表現の自由 理論と解釈』（中央大学出版部、2014年）、『日本国憲法を学ぶ』（中央経済社、2015年）、『よくわかる地方自治法』（ミネルヴァ書房、2009年、共著）。

秦　公正 [はた・きみまさ]

中央大学法学部教授　〔専門〕民事訴訟法　（第10章担当）
【主要業績】小田司編『民事訴訟法』（弘文堂、第2版、2016年、共著、第7章、第8章担当）、同『民事執行法・民事保全法』（弘文堂、2014年、共著、第5章担当）。

曲田　統 [まがた・おさむ]

中央大学法学部教授　〔専門〕刑法　（序章・第6章担当）
【主要業績】「死刑制度は保持されうるか」法学新報118巻7・8号（2011年）、「教唆犯の従属性と従犯の従属性」刑法雑誌53巻2号（2014年）、『リーディングス刑法』（法律文化社、2015年、共著）

三浦　治 [みうら・おさむ]

中央大学法学部教授　〔専門〕商法　（第7章担当）
【主要業績】『基本テキスト　会社法（第2版）』（中央経済社、2020年）、「株式の相続人（準共有株主）による議決権不統一行使の一方法」法学新報第127巻3・4号（2021年）、「取締役の経営判断の過程と内容との区別」『企業法学の論理と体系』（中央経済社、2016年）

安井哲章 [やすい・てっしょう]

中央大学法学部教授　〔専門〕刑事訴訟法　（第1章担当）
【主要業績】『プロセス講義刑事訴訟法』（信山社、2016年、共著）、「自己負罪拒否特権の性質と原理（1）」比較法雑誌46巻2号（2012年）、「公判前整理手続における証拠開示」法学新報117巻9・10号（2011年）

高校生からの法学入門

2016年7月30日　初版第 1 刷発行
2024年5月10日　初版第11刷発行

編　者	中央大学法学部
発行者	松本雄一郎
発行所	中央大学出版部 〒192-0393 東京都八王子市東中野742-1 電話：042-674-2351　FAX：042-674-2354
ブックデザイン	マツダオフィス
印刷・製本	藤原印刷株式会社

©Ken-ichiro Endo, 2016, Printed in Japan
ISBN 978-4-8057-2709-6

本書の無断複写は、著作権法上での例外を除き、禁じられています。
複写される場合は、その都度、当発行所の許諾を得てください。